망친 주식 수습하기 프로젝트

실패를 | 26
극복하는
주식투자

실패를 극복하는 주식투자

1판 1쇄 인쇄 2022년 10월 28일
1판 1쇄 발행 2022년 11월 4일

지은이 여신욱
발행인 김형준

편집 구진모
마케팅 김수정
디자인 프롬디자인

발행처 체인지업북스
출판등록 2021년 1월 5일 제2021-000003호
주소 경기도 고양시 덕양구 삼송로 12, 805호
전화 02-6956-8977 **팩스** 02-6499-8977
이메일 change-up20@naver.com
홈페이지 www.changeuplibro.com

ⓒ 여신욱, 2022

ISBN 979-11-91378-24-5(13320)

체인지업북스는 내 삶을 변화시키는 책을 펴냅니다.

망친 주식 수습하기 프로젝트

26

실패를 극복하는 주식투자

여신욱 지음

체인지업
CHANGEUP

질문의 가치가
정답의 가치를 결정한다

제가 강의 등을 통해서 독자분들을 만날 때, 가장 흥미진진하면서도 가장 까다로운 시간이 Q&A 시간입니다. "주식은 이렇게 공부하시면 되고요. 투자는 이렇게 하시면 됩니다." 그렇게 한 시간 정도 슬라이드가 다 넘어가고 나면, 강의를 들으러 오신 분들은 전혀 다른 질문을 하십니다.

"그건 그렇고, 저는 A라는 종목에 이만큼 물렸는데 이건 어떻게 해야 할까요?" 저는 속으로 마른침을 삼키며 고민합니다. '이걸 어떻게 설명해 줘야 하지?' 어떤 종목에 물렸다는 것은 헤아릴 수 없는 깊이를 가진 문제입니다. 돈을 버는 법은 사실 어렵지 않습니다. 하지만 일단 잃고 나서 수습하는 법은 간단하게 답변하기가 어렵습니다.

그게 이 책을 쓴 계기입니다. 그날 강의를 들으러 오신 독자분이 주신 짧은 질문에 대한 200여 페이지짜리 답변이랄까요.

주식판은 사기와 협잡과 기만이 넘치는 곳입니다. 잠시만 방심해도 눈먼 돈은 순식간에 빼앗아가는 아사리판입니다. 지금 이 순간에도 어떻게 하면 남에게 손해를 입히더라도 자기 이익을 챙겨갈지 혈안이 된 빌런들이 가득합니다.

그런데 의외로 내리사랑이 가득한 아름다운 곳이기도 합니다. 못 믿으시겠다고요? 정말입니다. 조금만 찾아보면, '주식으로 진짜 돈을 벌어 본' 선배님들이 초보 투자자를 위해 남겨 주는 따뜻한 조언과 경험담이 가득합니다.

그런데 누가 빌런이고 누가 선배님인지 어떻게 알 수 있을까요? 가짜 조언과 진짜 조언을 어떻게 구분해야 할까요? 꿀팁이 있습니다. 주식으로 떼돈을 버는 법을 이야기하는 사람들은, 일단 의심하세요. 왜냐면 모든 사짜들이 '돈 버는 방법'을 우선으로 감언이설을 디자인하기 때문입니다. 사람들은 꿈에 현혹되고, 꿈의 이면에 담긴 위험에는 관심을 두지 않습니다.

진짜 투자 선배들은 초보 투자자들에게 '돈을 잃지 않는 것'을 항상 강조합니다. 투자 수익의 속성 때문이죠. 투자 수익률은 곱셈으로 적용됩니다. 아무리 많은 수가 곱해져도 한 번만 0을 곱하게 되면 모든 게 제로가 되죠. 아무리 큰돈을 벌었다고 하더라도 한 번의 오판으로 그동안 번 돈이 다 사라질 수도 있습니다.

돈을 잃지 않는다는 것은 또 다른 의미에서도 중요합니다. 주식 투자의 본질은 기업입니다. 기업이 돈을 잘 벌면 주주도 자연스레 따라갑니다. 기업의 돈은 주주가 아니라 임직원이 벌고 있습니다. 이론적으로 주주는 가만히 있어도 돈을 벌 수 있습니다. 잃지만 않으면 기업이 알아서 돈을 벌어다 줍니다.

그런데 대부분의 초보 투자자들은 잃지 않음의 중요성을 모르고 시작합니다. 어쩌면 듣고도 무시했을 것입니다. 일단 뛰어듭니다. 왜? 내 친구가, 옆자리 동료가 주식시장에 뛰어들어 돈을 벌었다고 하니까요. '쟤가 하는 거면 나도 하겠다.' 이런 자신감입니다.

당연히 잘될 리가 없습니다.

투자에서 내 실력으로 돈이 벌린다는 걸 체감하려면 오랜 시간이 필요합니다. 강세장의 수익은 운입니다. 초보들은 강세장에 주변 분위기에 휩쓸려 주식을 시작합니다. 그러다 약세장이 오면 대부분 손실을 보고 시장을 떠납니다. 안 나가고 버텨도 다시 수익이 나려면 기나긴 시간이 필요합니다.

약세장에 주식시장을 떠나는 초보와 남아서 버티는 초보의 차이점은 뭘까요? 강의를 진행하고, 지난 책의 독자분들에게서 피드백을 들으며 중요한 사실을 발견했습니다. 초보 시절에 입은 손실률의 크기에 따라 계속 주식 투자자로 남을지 아닐지가 나뉘더군요. 운이 좋아서 손실률이 크지 않은 분들은 어떻게든 남아서 재기를 도모합니다. 하지만 손실률이 커진 분들, 대략 -30% 이상의 손실을 본 분들은 포기하는 경우가 많았습니다.

그 정도로 큰 손실을 각오하고 주식투자에 뛰어드는 분들은 단 한 명도 없습니다. 그러다 보니 예상치 못한 타격에 생각이 멈춰버립니다. 격투기 선수가 상대방의 카운터펀치를 맞고 기절하는 것처럼 말이죠. 한 번 다운되고 나면 전의를 상실합니다. 다른 투자 기회를 보고도 믿을 수 없게 되고, 다른 사람들이 조언을 해 줘도 듣지 못합니다. 크게 물려 있는 종목들이 신경 쓰여 새 출발을 할 수가 없습니다.

주식뿐 아니라 모든 성취의 분야가 마찬가지입니다. 이론과 실전은 다릅니다. 특히 실전에서 겪는 가장 큰 문제는, 처음의 부푼 마음을 사정없이 무너뜨리는 시련을 준다는 것입니다. 전설적인 복서 마이크 타이슨이 자신에게 도전하는 수많은 상대들을 무너뜨린 뒤 이야기했죠.

"누구나 주둥이에 펀치를 맞기 전까지는 그럴듯한 계획을 갖고 있다."

사실 모든 투자자들이 주둥이에 펀치 한 방 맞은 경험을 거치며 성장합니다. 하지만 성공한 투자자들은 그 이야기를 잘 하지 않습니다. 극복한 지 너무 오래되어서 기억이 안 날 수도 있고, 원래 잃지 않으려는 성격이라 큰 실패 없이 올라온 분들도 있고, 때로는 과거의 쪽팔린 경험을 들추기 싫을 수도 있습니다.

하지만 초보 투자자들에게는 당장 눈앞에 닥친 문제입니다. 예상치 못한 큰 손실을 입고 나면 어떻게 수습해야 할지 정말 난처합니다. '손절해야 하나요?', '물타기를 할까요?', '다른 주식을 살까요, 말까요?', '이거 회복은 되는 건가요?', '원래 주식이 이런 건가요?', '왜 나에게만 이런 일이 생기는 건가요?'

그런데 제가 한 번 묻고 싶습니다. 지금 누구에게 질문하시는 건 가요?

솔직하게 이야기하면 그렇습니다. 나의 오판으로 주식투자를 망치게 되었다면, 남이 도와줘서는 절대로 해결할 수 없습니다. 아무도 도와주지 않습니다. '오오, 우리 친구가 주식투자로 피 같은 돈이 반토막 났구나. 이리 줘봐, 내가 대신 굴려서 본전을 찾아 줄게.' 이렇게 도와주는 사람은 없습니다. 그렇게 접근해 온다면 백 프로 사기꾼입니다.

사실 투자 선배들 입장에서도 손해를 본 사람을 도와주기는 어렵습니다. 남의 주식에 섣불리 조언을 해줬다가 반대로 흘러가면 평생 들을 욕을 다 듣습니다. 혹여 잘 된다고 하더라도 딱히 보답을 받지도 못합니다. 원래 주식은 잘 되면 내 덕, 잘못되면 남 탓이죠. 어딜 봐도 나에게 손해라면 남을 돕기가 쉽지 않습니다.

이런 상황에서, 일단 망친 주식을 수습하려면 어떤 도움을 드릴 수 있을지 고민해 보았습니다. 문득 직장인 시절 제가 했던 일이 떠올랐습니다. 원래 저는 디자인을 전공했습니다. 그리고 제주도로 내려오기 전 마지막 직장에서, 디자인 씽킹 퍼실리테이터Design Thinking Facilitator라는 일을 했습니다. 특정 문제를 해결하려는 고객들에게, 문제 해결을 위해 새로운 방법론을 활용하도록 돕는 일이었습니다.

당시 제가 하던 일에서 얻은 소중한 교훈이 있습니다. 올바른 문제 해결을 위해서는 올바른 질문이 필요하다는 것입니다. 질문의 가치가 정답의 가치를 결정합니다. 이를 주식투자에서도 활용할 수 있겠다는 생각이 들었습니다.

자기 계좌는 자기가 수습해야 합니다. 자기 손실은 자기가 극복해야 합니다. 그렇게 하기 위해서는 올바른 질문이 필요합니다. 그런 질문들을 도출하는 험난한 과정에서, 제가 조력자로서 도울 수 있겠다는 생각이 들었습니다.

이 책은 실용서지만 How to는 아닙니다. 더 정확히 말하면 How to Think를 제시하는 책입니다. 최초에 주식투자를 망치게 된 순간을 출발점으로, 한 번은 과거로 돌아가고, 다시 현재로 돌아왔다가, 그 다음 미래로 넘어가는 구성입니다. 그리고 그 과정에서 필요한 수많은 질문들, 즉 남에게 하기는 부끄럽지만, 내면을 향해 반드시 물어봐야 하는 질문들을 담아 두었습니다. 읽다 보면 아시겠지만, 이 책에는 물음표가 상당히 많이 나옵니다.

일단 심호흡을 하시기 바랍니다. 돈 좀 잃으셨다고요? 괜찮습니다. 다들 그렇게 시작합니다. 제가 개인적으로 존경하는 투자 선배 한 분은 주식을 시작하고 처음 10년 동안 대형 외제차 한 대 값을 날려 보냈다고 합니다. 그럼에도 포기하지 않고 끈질기게 도전한 것이죠. 지금은 슈퍼개미가 되어 인생을 즐기고 있습니다.

우리도 가능합니다. 모든 위기는 극복하고 나면 사건이 아니라 경험으로 승화됩니다. 하지만 극복하려는 의지가 중요합니다. 큰돈을 잃었다고 망연자실하는 게 아니라, 침착을 되찾고 차근차근 수습해야 합니다. 대인배의 자세가 필요한 시점입니다.

대인배가 되실 준비가 되었나요? 거울 한 번 보시고 대인배의 표정을 지어 보세요. 그럼, 이제 시작하겠습니다.

차례

PART **내부 상황 파악하기-자멸을 부르는 실수 리스트**

3

PART   **적당히 매운맛 Q&A**

누구나 주식을
망치는 경험을 한다

'호랑이에게 물려가도 정신만 차리면 산다.' 다들 아시죠? 당황하지 마세요. 누구나 큰 손실을 본 경험이 있습니다. 망친 주식을 수습하기 전에, 패닉을 멈추고 우리의 계좌 상태를 찬찬히 점검해 보겠습니다.

CHAPTER 01

이것은 과정이지 종말이 아니다

망했다….

주식투자를 하다 보면 이런 기분이 들 때가 있습니다. 롤러코스터를 탔는데 안전벨트가 풀리는 기분이랄까요? 어디서부터 잘못되었는지, 어떻게 수습해야 할지, 또 앞으로는 어떻게 될 것인지. 눈앞이 깜깜해지는 기분, 그런 기분을 느낀 분들이 제 이야기를 들으러 오셨을 거라 생각합니다.

주식투자에서 '망했다.'의 기준은 뭘까요? 저마다 다 다를 것입니다. 잃은 돈의 크기도 다르고, 손실률도 다릅니다. 회복 가능성이나 회복에 필요한 능력도 저마다 다르고, 미래에 만회할 금액의 크기도 다를 것입니다. 이처럼 '망했다.'의 정확한 기준은 없습니다.

하지만 한 가지 같은 게 있습니다. 바로 쓰라린 감정입니다. 만져

지지도 않는 사이버 머니의 숫자만 바뀌는 것인데, 물리적으로 아플 때도 있습니다. 마음이 상하다 못해 머리가 지끈거리고, 심장이 벌렁거리죠. 실제로 투자 손실의 심리적 고통은 상당한 물리적 통증과 비교해도 모자라지 않는다고 합니다.

투자는 합리적으로 해야 하고, 인간들은 합리적으로 행동하고 싶어하지만, 결국 감정의 지배에서 벗어날 수는 없습니다. 투자를 하면서 감정적 스트레스를 피할 수는 없습니다.

지금 나쁜 감정이 드는 건 정상적인 상황입니다. 한편으로는 애초에 감정에 휘둘려 행동했기 때문에 손실을 입은 것입니다. 고통의 감정은 감정에 충실한 것에 대한 인과응보입니다. 뜬구름 잡는 이야기처럼 들리나요?

하지만 명심하셔야 합니다. 망친 주식을 살리기 위해 제일 먼저 알아야 하는 것은 '우리는 감정을 가진 동물'이라는 사실입니다. 감정에 휘둘리는 짐승들이 모여서 자본시장이란 걸 만들고 투자라는 걸 하고 있죠. 그러니까 별의별 이상한 일들이 일어날 수밖에요.

절망적인 감정이 들 수는 있습니다. 하지만 절망적인 감정이 드는 것과 절망하는 것은 다릅니다. 감정은 막을 수 없는 현상이지만, 그 현상과 별개로 우리는 '행동'이라는 선택을 할 수 있습니다.

지금 우리는 어떤 행동을 해야 할까요? 일단 숨을 크게 들이쉬었다가 후~ 하고 내뱉어 보세요. 갑자기 웬 요가수업이냐고요? 저를 믿고 일단 따라 해 보세요. 심호흡을 한 번 크게 하시고, 이 사실을 떠올려보시기 바랍니다.

실패를 극복하는 주식투자

모든 투자자는 필연적으로 큰 손실의 경험을 겪는다.

아무리 성공적인 투자자라도, 단 한 명의 예외 없이 모두가 손실의 경험을 겪게 됩니다. 물론 저도 겪었고요. 세계 최고의 투자자인 워런 버핏 할아버지도 겪었습니다. 여러분도 투자자로서 반드시 겪게 되는 경험을 지금 겪고 계시는 것입니다. 이해되시나요? 이건 종말이 아니라 과정입니다.

어쩌면 운이 나빴다고 생각하실 수도 있습니다. 이렇게까지 빠질 거라고는 절대로 예상하지 못했을 수도 있어요. 아무도 예상하지 못한 나쁜 일이 일어나서 내 주식이 떨어지는 경우도 있습니다. 운이 정말 안 좋았던 것일 수도 있어요. 열 받죠. 내 돈인데. 내 피 같은 돈인데. 운도 지지리도 없지.

그런데 반대로 생각해 보겠습니다. 불운은 언제든 찾아올 수 있습니다. 길을 가다가 개똥을 밟을 수도 있고, 새똥을 맞을 수도 있어요. 평생을 살면서 나쁜 일은 누구한테나 오지 않나요? 투자라고 다를까요? 투자판에 뛰어들었는데 행운과 대박만 맞을 수 있나요? 그럴 리가 없잖아요. 우리는 한 번도 운이 억세게 좋은 사람이었던 적이 없습니다.

우리는 왜 투자를 하는 걸까요? 불운을 극복하고 돈을 벌기 위해서 투자를 합니다. 행운에 기대지 않고도 돈을 벌기 위해서 투자를 합니다. 돈을 벌려고 투자를 하는 것이지 자신의 운을 테스트하려고 투자를 하는 건 아닙니다.

이제 처음으로 돌아가 '망했다'는 기분이 든 계좌, 또는 종목을 열어 보겠습니다. 단순히 운이 나빴던 것일 수도 있지만, 일정 수준 이상의 손실이 발생했다면 인정해야 합니다. 분명히 내 잘못이 있습니다. 내 잘못이 없었다고 생각하면 착각이죠.

대신 어디서 잘못했는지 찾아내야 합니다. 그게 망친 주식을 수습하는 시작점입니다. 운과 상관없이 내가 잘못한 부분은 어디인지, 그걸 찾는 게 시작입니다.

목표는 무엇일까요? 과거의 나쁜 사례를 거울삼아서, 미래에 더 나은 투자를 하는 것입니다. 그러면 망친 주식도 수습이 되고, 쪼그라들었던 자산도 다시 불어납니다. 시간이 더 지나면 언제 나쁜 일이 있었는지 기억도 안 날 만큼 자산이 커지기도 합니다.

투자를 시작한 여러분들께, 주식을 망치고 어쩔 줄 몰라 하다가 책을 펼쳐 든 여러분들께, 아마도 좋은 일이 일어날 것입니다. 하지만 그 때를 위해서 지금은 '자존심'을 버려야 합니다. 자존심이 상하면, 손실의 원인을 내가 아닌 외부에서 찾으려고 합니다.

내가 뭔가 잘못했다는 것을 인정하기 싫은 것이죠. 이런 오판은 무의식중에 벌어집니다. 그렇기 때문에 인지하기도 쉽지 않습니다. 하지만 자존심을 버리고 내 잘못을 다시 돌아봐야 합니다.

다시 한 번 질문하겠습니다. '우리가 왜 투자를 하는 거죠?' 돈을 벌기 위해서 입니다. 돈을 벌려고 투자를 하는 것이지 자존심을 높이려고 투자를 하는 건 아니죠. 일단은 자존심을 버리시기 바랍니다. 자존심은 성공적인 투자와 투자 수익의 결과로 따라오는 부산물

실패를 극복하는 주식투자

입니다. 지금 억지를 쓰며 지켜야 할 무언가가 아닙니다.

투자에서 큰 손실을 입고 자존감이 바닥까지 떨어져 있을 때, 부정적인 감정이 극에 달했을 때, 제일 먼저 해야 하는 게 뭘까요? 손절도 홀딩도 교체매매도 뭐도 아닙니다.

손실을 겪었을 때 제일 먼저 해야 하는 것은 이것입니다.
1. 내가 가지고 있는 부정적인 감정과 정면으로 마주한다.
2. 행동을 하기 전에 자존심을 내려놓는다.

그리고 반드시 명심해야 하는 진실이 있습니다.
1. 모든 투자자는 필연적으로 손실을 겪을 수 있다.
2. 불운은 언제든 찾아올 수 있다.

나에게만 뭔가 나쁜 일이 일어나는 게 아닙니다. 내가 투자자로 성장하고, 더 큰 자산을 만들기 위해 통과 의례를 거치고 있는 것입니다. 여기까지 이해하신 상태에서, 이제 본격적으로 망친 주식을 수습하는 여정을 떠나 보겠습니다.

⊘ 모든 투자자는 필연적으로 큰 손실의 경험을 겪게 된다.
⊘ 불운은 언제든, 당연하게 찾아온다.
⊘ 불운에도 불구하고 돈을 버는 게 투자다.
⊘ 자존심을 버려야 망친 주식을 수습할 수 있다.

종목이 아니라
계좌로 생각하기

지금 MTS나 HTS를 열어서 내 계좌상태를 한 번 보겠습니다. -5%, -10%, +7%, -23%, -45%, +2%, -37%, -65%… 으악! 괜찮으세요? 이거 어떻게 해야 할까요? 하! 싹 밀고 새로 사고 싶지 않나요? 특히 -65%, 이런 건 어떻게 해야 할까요? 너무 심한데요? 손절도 못하고, 물타기 해도 한 세월, 다시 올라올지 확신도 없고…

특히 이것저것 큰 계획 없이 매수하는 분들이 있습니다. 곧 수많은 손실과 수익이 뒤섞인 계좌를 보면서 혼돈에 빠지게 됩니다. 너무 난잡해서 어떻게 해야 할지 앞이 캄캄한 계좌. 전량 매도하고 새로 시작할 수 있을까요? 실제로 그렇게 하는 분들도 있습니다. 하지만 오래 지나지 않아 예전처럼 난잡한 상태로 돌아오게 됩니다.

잘 생각해 보면 이런 상황은 집 정리와 비슷합니다. 어지럽혀져 있는 집 안을 보고 있다가 큰 결심을 하고는, 분노에 찬 청소를 한 경험이 한 번씩은 있을 것입니다. 잠시나마 깨끗한 공간을 보며 상쾌함에 안도합니다. 하지만 며칠 지나지 않아 원래의 어지러운 상태로 다시 돌아가지 않았나요?

처음에 집이 어질러진 이유는 뭘까요? 행동 규칙이 없었기 때문입니다. 이런 상태에서는 하루 종일 걸려 대청소를 해 놓아도 다시 원래의 상태로 되돌아갈 수밖에 없습니다.

주식 계좌 관리도 마찬가지입니다. 행동 규칙을 만들지 않은 상태에서는 망친 계좌에 대청소를 시전한다고 해도 바뀔 수 없습니다. 결국 줄어든 자산으로 또다시 망친 계좌만 남게 됩니다. 그렇다면 어떻게 행동 규칙을 만들어야 할까요?

시작은 관점을 바꾸는 것입니다. 개별 종목의 손실이 아니라 전체 자산 관점으로 봐야 합니다. 일단 종목별 수익률(이라고 부르고 손실률이라고 읽는)을 손으로 가리시기 바랍니다. 봐도 도움이 안 됩니다. 더 중요한 건 뭘까요? 전체 계좌의 총액입니다.

나의 계좌는 하나의 우주입니다. 행성 하나하나에 너무 신경 쓰지 마시고 전체 우주를 보시기 바랍니다. 제일 중요한 건 개별 종목이 아닌 '계좌 수익률'입니다.

처음 주식투자를 시작하는 사람들 대부분은 주식이 '종목 찍기' 게임이라고 생각합니다. 오를 종목을 사야 돈을 번다고 생각하죠. 하지만 실제로는 종목 자체보다 계좌 전체의 결과가 중요합니다. 계좌 관리에 대한 의사결정이 자산 증식의 핵심입니다.

여러분의 계좌를 우리의 경제적 자유를 위해 싸우는 군대라고 생각해 보겠습니다. 우리의 자본은 우리의 병사들입니다. 한두 번의 전투로는 전쟁이 끝나지 않습니다. 크고 작은 전투들의 총체적 결과가 진정한 승리를 결정합니다. '전투에서 이기고도 전쟁에서 패한다.'는 이야기를 많이 들어 보셨을 것입니다. 전체 계좌(전쟁), 즉 포트폴리오 관점에서 승리하지 못한다면 개별 종목(전투)이 큰 대박이 나도 자산 증식은 어렵습니다.

다시 우주에 비유해 보겠습니다. 행성(종목)은 폭발(대박 혹은 쪽박)할 수 있지만 우주는 팽창(증식)할 뿐입니다. 크고 작은 종목의 변주가 계좌라는 우주의 방향성을 결정합니다. 하지만 종목 하나로 인해 인생이 바뀌지는 않습니다. 종목 하나로 인해 인생이 끝나지도 않습니다.

만약 한 종목이 계좌에 미치는 영향이 너무 크다면, 접근 자체를 바꿔야 합니다. 주로 충분한 분석 없이 위험한 종목에 '몰빵' 투자를 한 분들이 이런 피해를 입습니다. 이런 분들은 일단 제대로 된 포트폴리오를 꾸려야 합니다. 반면 여러 가지 종목으로 분산된 계좌에서는, 개별 종목의 (처참한) 수익률에 너무 휘둘려서는 안 됩니다.

전체 계좌의 10% 비중을 차지하는 종목이 반토막 났다면? 종목에 대한 수익률은 -50%로 표시되지만 자산 기준으로는 5%의 손실입니다. 실패한 투자인데 손실률이 너무 커서 손도 대지 못하는 상태라면, 전체 계좌 기준의 손실률을 생각해 보시기 바랍니다.

제 투자 여정에서 가장 큰 수익률을 기록한 모 종목은 250%의 수익을 주었습니다. 심지어 사자마자 두 달도 안 되어 그런 수익을 가져다주었죠. 하지만 그 종목에 대해 제가 매수한 총금액은 고작 5만

실패를 극복하는 주식투자

원뿐이었습니다. 인생에서 가장 큰 수익률로 20만 원도 채 되지 않는 돈을 벌었습니다. 우습고도 슬픈 기억이죠. 이처럼 주식투자에서 중요한 것은 '종목'이 아니라 '계좌'입니다.

　일차적으로는 종목 기준이 아닌 계좌 기준으로 생각하는 습관을 길러야 합니다. 명심하세요, 우리는 우리 돈의 사령관입니다. 자본이라는 병사를 지휘하는 사령관처럼 생각해야 합니다. 작은 전투에 연연하지 않고 큰 그림을 그리며 전쟁에서 승리하려는 관점을 유지해야 합니다.

　⊘ 행동 규칙이 있어야 같은 문제의 재발을 막을 수 있다.
　⊘ 주식은 종목 찍기 게임이 아니라, 계좌 관리 게임이다.
　⊘ 개별 종목보다 계좌 전체를 생각하자.

수익률의 성패가 아니라 투자 아이디어의 성패로 생각하기

물론 종목을 아예 생각하지 않을 순 없습니다. 내가 보유한 종목의 손실률이 커졌을 때, 팔아야 할지 버텨야 할지 고민될 때, 우리는 어떻게 해야 할까요? 손실이 깊어지고 시름도 깊어질 무렵, 우리가 스스로에게 꼭 해야 하는 중요한 질문이 있습니다.

아직 아닌 것인가? 이제는 아닌 것인가?

개별 주가의 변동성, 즉 위아래로 움직이는 가격폭은 매우 거대합니다. 그것을 잘 이해하고 있다면, 기다림의 힘은 의외로 강력합니다. 왜 그럴까요? 대부분은 기다리지 않기 때문이죠.

손실폭이 꽤 크더라도 침착하게 물타기를 하며 끈기 있게 기다릴 수 있다면 큰 수익으로 전환시키고 만회할 수도 있습니다. 제 경우 -40%까지 손실폭이 커진 종목을 1년 이상 보유하며 +80% 수익을 내고 판 경험이 있습니다. 장기 투자의 힘을 실감한 첫 번째 경험이었죠.

하지만 모든 종목이 그런 반전을 가져다주진 않습니다. 다시는 고점을 회복하지 못하고, 끊임없이 흘러내리며 역사의 무덤 속으로 사라지는 경우도 있습니다. 이미 손실폭이 커진 상태에서, 반전이 올지 실망만 커질지 어떻게 구분할 수 있을까요? 또 끝까지 버텨야 할 종목인지 깨끗이 포기해야 할 종목인지는 어떻게 판단할 수 있을까요?

바로 투자 아이디어로 판단합니다.

투자 아이디어가 뭐죠? 모르시면 여태까지 헛발질만 해온 것입니다. 주식은 기업의 소유권을 잘게 쪼갠 증서입니다. 주식 종목의 너머에는 예외 없이 기업이 있습니다. 처음에 특정 기업의 주식을 매수하기 전에, 해당 기업에 대한 투자 아이디어가 만들어져 있어야 합니다.

투자 아이디어를 세우는 행위는 무엇일까요? 기업이 가까운 미래에 지금보다 더 많은 돈을 벌 수 있을 것이라는 근거를 세우는 것입니다. 업황, 제도 변화, 수요 변화 등에 따라 지금보다 수익이 많아질 것이라는 기대가 된다면? 주식을 사면 됩니다. 그리고 그 기대감이 현실이 될 때까지 기다리면 끝입니다.

주가 상승은 기업(종목)의 미래가 '명백하게' 밝아 보일 때 발생합니다. 특정 투자 아이디어에 대해 누구나 공감하고 수긍할 때, 사람들은 서로 그 주식을 가지고 싶어합니다. 수요와 공급의 법칙에 따라 수요가 늘어날 때 호가(주가)는 오르게 됩니다. 반대로 주가 하락은 기업의 미래가 안 좋아 보일 때 발생합니다. 모두가 어둡게 본다면 서로 그 주식을 보유하지 않으려고 도망칠 테니까요.

성공하는 투자 아이디어는 대중보다 살짝 앞서 있을 때 만들어집니다. 누구나 좋게 생각할 때는 이미 주가가 올라 있습니다. 싸게 사서 비싸게 파는, 시세 차익이 목적이므로 다들 알 때 사면 늦습니다. 반면 주가가 하락했다는 것은 나쁜 전망이 지배적이라는 말인데요. 지금은 나빠 보이지만 미래에는 좋아질 근거가 있다면 그 때가 가장 좋은 투자 기회입니다. 그 근거가 우리의 투자 아이디어가 되는 것이죠.

그래서 투자 아이디어를 명확히 하는 게 최우선입니다. 보유한 종목의 손실률이 커지기 전에 주식을 샀던 이유가 있을 것입니다. 해당 기업의 미래가 좋아질 것이라는 나름의 근거가 있었겠죠? 그 근거를 다시 끄집어내어 검증을 해 보는 것입니다. 원래 나는 어떤 미래를 그리고 있었는지? 지금 주가가 빠진 이유는 무엇인지? 빠진 이유가 미래에 대한 예상을 무너뜨리는 일인지? 아니면 예상을 지연시키는 일인지? 예상되는 미래는 변하지 않았는데 주가만 빠진 것인지(실제로 이런 일이 꽤 많이 발생합니다)?

만약 지금의 상황이 처음에 그린 미래(투자 아이디어)를 훼손시킬

실패를 극복하는 주식투자

만한 일이라면, 냉정하게 손절을 해야 합니다. 그렇지 않고 여전히 미래에 좋아질 거라는 근거가 있다면, 주가 하락은 저가 매수의 기회가 되죠.

주식을 사기 전에 이러한 아이디어를 세워 본 적이 없다면 어떻게 해야 할까요? 지금이라도 당장 세워야죠! 하지만 편견을 조심해야 합니다. 나에게 유리한 방향으로 삐뚤어진 논리를 세울 수 있기 때문입니다. 사람은 간사한 동물이죠. 어찌나 간사한지 스스로를 속이는 일도 많습니다.

나는 안 그럴 거라고 자신하지 마세요. 예외는 없습니다. 따라서 애초에 스스로를 속일 일을 없애야 합니다. 자기 합리화를 피하기 위해, 투자 아이디어는 반드시 매수하기 전에 세워야 합니다.

다시 돌아와서, 손실률이 커진 종목에 대해 판단하는 순서를 정리해 보겠습니다.

1. 최초의 투자 아이디어, 처음에 해당 주식을 매수했던 이유를 가져온다.
2. 지금 주가가 빠지는 이유를 찾아본다.
3. 빠지는 이유가 매수한 이유를 훼손시킨 것인지 확인한다.
4. 훼손되었다면 기다려서 해결될 일인지, 기다려도 안 될 일인지를 구분한다.

손실은 사람을 겸손하게 만들어줍니다. 우리가 겸손해졌을 때, 우리를 위해 할 수 있는 가장 값진 일은 성찰입니다. 우리의 지식과 지혜도 성찰하고, 우리의 잘못도 성찰하는 거죠. 우리의 종목도 마찬가지로 성찰이 필요합니다. 성찰의 기준을 꼭 기억하세요. 지금 당장의 손실률이나 수익률은 판단 기준이 될 수 없습니다. 판단을 위한 기준은 오로지 '투자 아이디어'입니다.

CHECK POINT

⊘ 주가의 변동성은 매우 크다.
⊘ 평가손이 커져도 큰 수익을 내고 나올 수 있다.
⊘ 주식을 팔지 말지는 손실률이 아니라 투자 아이디어의 성패로 결정한다.

실패를 극복하는 주식투자

망친 주식을
온몸으로 실감하자

'망쳤다.'의 정의는 사람마다 상황마다 다릅니다. 일단 일반론으로 접근해 보겠습니다. 초보 투자자 입장에서 본다면, 망쳤다의 기준을 수익으로 전환할 수 있는지 여부로 나눌 수 있습니다. 손실 자체는 생길 수 있지만 손실폭이 크지 않아야 합니다. 시장의 변동성을 고려하면 대략 -20% 정도까지는 감안할 수 있다고 봅니다. 그 정도의 하락은 시장 자체의 상승으로 만회되기도 합니다.

개인적으로는 -30% 이상의 손실을 기록했다면 망친 주식으로 받아들일 필요가 있다고 봅니다. -30% 정도가 되면 본전을 찾기 위해서 +43%의 수익을 내야 합니다. 워런 버핏의 초장기 연평균 수익률이 20%가 조금 안 된다고 하는데요. 20%의 수익을 두 번 내면 44%가 되죠. 워런 버핏이 2년 동안 돈을 버는 정도의 실력이 필요하다는 뜻입니다.

결국 제일 옳은 길은 -30% 이상의 손실을 시작하지 않는 것입니다. 큰 하락의 가능성이 조금이라도 보인다면 손대지 않는 것이 좋습니다. 살 때 잘 사야 합니다. 이제 불평불만이 들리기 시작합니다. '그런 걸 누가 모르느냐? 지금 손실이 이렇게 커진 건 무를 수 없잖아!'

일단 진정하시고요. 맨 처음에 말씀드린 대로 심호흡을 크게 한 번 하신 다음 다시 돌아와 어떻게 수습할지를 찬찬히 고민해 보겠습니다.

1. 손실률 확인

-30%의 본전은 +43%가 필요하다고 말씀드렸죠. 손실률이 커질수록 만회를 위해 필요한 수익률은 더 커집니다. -40%는 +67%가 필요합니다. -50%는 +100%가 필요합니다. 반토막을 만회하기 위해서는 주어진 자금을 두 배나 늘려야 합니다(아마 찾아보기 싫겠지만). 혹시나 -70% 손실이 났다면 +234%가 필요합니다. 이처럼 내 잘못의 크기를 가늠해 볼 필요가 있습니다. 이것이 원상복구를 위해 필요한 에너지를 가늠하는 단계입니다.

2. 계좌 비중 확인

그래서 주식투자의 선조들은 우리에게 '분산투자'를 권해왔던 것이죠. 손실이 웬만큼 크더라도 보유 비중을 곱해주면 생각보다 부담이 줄어들 수 있습니다. 실제 내 계좌에 미친 타격이 어느 정도인지

실패를 극복하는 주식투자

를 가늠합니다. 어떤 종목이 -40% 손실이 났는데, 보유 비중이 25%, 즉 전체 계좌의 1/4이라면 계좌 손실률은 -10%가 되는 것이죠. 계좌 전체로 봤을 때 +12%의 수익을 내면 구원받을 수 있습니다.

3. 회생 가능성 (투자 아이디어) 체크

앞서 강조한 '투자 아이디어'가 살아 있는지 아닌지를 확인합니다. 업황을 봤을 때 기다려서 해결될 수 있는 상황인지 아니면 시간이 지나도 해결되기 어려운지를 판단해야 합니다. 이는 비즈니스 모델에 좌우되는 경우가 많습니다. 내가 어떤 섹터의 기업을 샀는지에 따라 달라진다는 것이죠.

우리나라 기업들은 사이클을 많이 탑니다. 안 좋을 땐 주가가 많이 빠지지만, 시간이 지나면 업황이 돌아오며 주가가 다시 크게 오를 수도 있습니다. 반면 주가 상승 과정에서 사람들이 과도하게 열광했던 기업, 실체가 명확하지 않은 미래의 꿈이 과하게 강조된 기업, 그에 비해 돈을 못 벌거나 심지어 적자인 기업들은 한 번 주가가 빠지고 나면 회복하기가 쉽지 않습니다. 닷컴 버블 시절, 수십 수백 배 상승한 기업을 꼭지에 잘못 샀던 분들은 회복하는데 10년 이상이 걸리기도 했고, 다시는 매수했던 가격을 만나지 못한 분들도 있습니다.

4. 회생까지 필요한 추가 보유 기간, 추가 투입 여력 체크

모 회사의 주식을 샀다가 큰 손실을 입은 후, 12년을 물타기를 하여 겨우 본전을 되찾고 나온 한 개인 투자자의 사연을 본 적이 있습니다. 그 근성은 높이 사야겠지만, 우리는 좀 더 효율적인 만회를 목표로 해야 합니다. 존버도 계획이 있어야 성공합니다.

얼마나 더 보유할지를 업황 변화 시점을 기준으로 적어 보세요. 당연히 보유 기업이 속한 산업을 꼼꼼히 공부해야 합니다. 그리고 투입된 자금 대비 앞으로 투입 가능한 자금도 비교해 봅니다. 하락한 상태의 특정 주가에 물타기를 실행할 경우, 평균 단가가 얼마나 떨어질지도 계산해 봅니다.

물론 계획대로 행동하기가 쉽지는 않습니다. 주가는 계속 변하니까요. 하지만 이러한 계획을 세워 놓고 버텨야 합니다. 그래야 주가의 변동성에 휘말려 정신줄을 놓는 참사를 막을 수 있습니다.

여기까지 망친 주식을 '인지하는' 과정을 짧게 정리해 보았습니다. 우리는 투자자이며, 투자자는 합리적으로 행동해야 하기 때문에 행동의 규칙을 짜는 것은 매우 중요합니다.

조금 다른 접근도 있습니다. '내가 이 종목에 물려서 얼마나 기분이 나쁜지'를 객관적으로 평가해 보는 것입니다. 기분을 평가하다니 무슨 말장난이냐고요? 의외로 우리의 휴리스틱은 강력합니다. 만약 보유 종목의 주가가 빠졌을 때, 일상생활에 큰 지장을 줄 정도로 기분이 나쁘다면? 기분을 분석해 실제 내가 처한 상황을 객관적으로 인지할 수도 있습니다.

어떻게 인지할 수 있을까요? 내가 물린 종목(주식이든 부동산이든 코인이든)에 대한 부정적인 의견을 들었을 때, '발끈'하게 되는지 아닌지를 스스로 평가해 보시기 바랍니다. 자신의 논리가 굳건하다면 외부에서 보유 종목을 비난해도 기분이 나쁠 이유가 없습니다. 오히려 남들이 오해하는 만큼 저평가가 되었기에 더 좋은 매수 기회로 받아들이게 됩니다.

반면 남들이 내 종목을 비난했을 때 기분이 나쁘고 화가 난다면, 나 스스로도 (무의식중에) 내가 잘못했다는 것을 인정하고 있다는 뜻입니다. 수습이 어렵다는 것을 알기에 더 큰 좌절감을 느끼고, 그 좌절감이 분노로 표현되는 것이죠.

다시 돌아와, 맨 처음 드린 말씀을 리마인드 해 보시기 바랍니다. "이것은 과정이지 종말이 아닙니다." 분노보다는 침착한 행동이 필요한 순간입니다. 실수했다고 해서, 손실이 커졌다고 해서 주눅들지 마세요. 이런 경험들이 결국은 우리를 더 나은 투자자로, 더 부유한 자산가로 만들어줍니다.

여기까지가, 주식투자에 뛰어들었다가 곤경에 빠진 망친 주식 보유자들을 위한 위로의 단계였습니다. 이제 본격적으로 망친 주식을 수습하는 과정을 짚어 보겠습니다.

CHECK POINT

⊘ 종목의 손실률을 파악하자.
⊘ 계좌 전체에 미치는 영향을 체크하자.
⊘ 종목의 아이디어가 살아 있는지 확인하자.
⊘ 살아 있다면 추가 보유 기간과 물타기 여력을 확인하자.

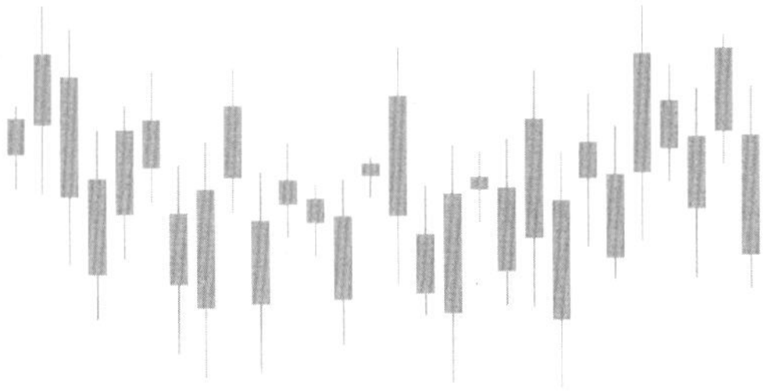

외부 상황 파악하기
-장세에 따라 대응법도 다르다

망친 주식을 수습하고 계좌를 복구하기 위해서는 다각도의 분석이 필요합니다. '장세'라고 불리는 외부 상황도 중요한 요소 중 하나죠. 강세장, 약세장, 횡보장의 특징을 알아보고, 장세별로 적합한 대응 방법도 확인해 보겠습니다.

망친 주식은 어느 시점에 발생하였는가?

손실폭이 커졌을 때, 우리의 머리와 감정은 상당히 복잡해집니다. 하지만 대응 방안 측면에서 선택지를 생각해 보면 간단합니다.

손실이 난 주식을 팔거나 안 팔거나.

이 둘 중 하나입니다. 당연한가요? 물론, 물려 있는 기업의 상황에 따라서 둘 중 어떤 것을 선택할지는 세부적으로 판단해야겠죠. 그런데 개별 종목에 대해 생각하기 전에 고민할 게 있습니다. 더 큰 범주에서 대응 방안을 확인할 필요가 있습니다.

바로 주식시장에 존재하는 '장세'를 파악하는 것이죠. 지수 측면에서, 전반적인 주식들이 오르는 추세인지, 내리는 추세인지, 혹은 개별 종목들의 등락 속에서 큰 방향성 없이 박스권을 형성하는지에 따라 장세를 나눌 수 있습니다. 흔히 말하는 '강세장', '약세장', '횡보장'의 구분이죠.

개별 종목의 대응도 중요하지만 장세 자체의 인지가 우선입니다. 장세는 소위 말하는 '유동성'의 영향을 받습니다. 유동성은 주식시장을 오가는 거대한 자금의 이동량에 따라 결정되는데요. 강세장에서는 주식투자를 하고 싶은 사람들이 많아지면서 밀물처럼 자금이 들어옵니다. 약세장에서는 사람들이 주식투자 자체를 꺼리게 되면서 썰물처럼 자금이 빠지게 되죠. 횡보장에서는 이동량의 큰 변화가 없이 정해진 자금 규모에서 주식이 오르고 내리기를 반복합니다.

2020년 코로나 팬데믹으로 인한 급격한 지수 폭락 이후를 떠올려 보시기 바랍니다. 지수가 반토막 수준으로 떨어진 만큼, 저가 매수를 위해 상당한 수의 신규 투자자가 주식시장에 진입했죠. 거기에 더해 각국의 정부가 침체된 경제를 살리기 위해 금리도 내리고 자금도 풀고 했죠. 그런 돈들도 추가로 주식시장에 유입되었습니다. 덕분에 아무도 예상치 못한 급반등이 일어났고, 지수의 역사적 신고가가 만들어지기도 했습니다.

하지만 영원히 계속해서 오르는 주가는 없습니다. 신고가 이후 지수는 슬금슬금 빠지더니 꽤 긴 조정이 이어졌습니다. 2022년에 들어서 과한 유동성을 제어하기 위해, 미국을 필두로 중앙은행이 금리를 올리기 시작했습니다.

이후 낮아진 수익률에 실망한 투자자들이 주식에서 자금을 빼게 됩니다. 금리 인상기와 맞물리면서 이자를 받는 예금 쪽의 수요로 이동하기도 했죠. 자연스럽게 2021년 고점 이후 지수는 꽤 긴 구간을 조정받는 약세장에 들어섰습니다.

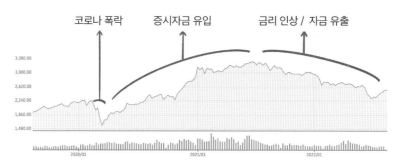

2020~2022년 금리, 증시예탁자금, 지수 비교 그래프(출처 : 네이버 증권)

주식시장은 바다와도 같습니다. 가까이서 보면 잔파도만 보이지만, 크게 보면 밀물과 썰물이 반복되죠. 영원한 강세장도 없고, 영원한 약세장도 없습니다. 미래에 대한 전망이 좋다면 강세장이 생기고, 전망이 나쁘다면 약세장이 생기겠죠? 그런데 좋지도 않고 나쁘지도 않다면? 또는 좋은지 나쁜지 정확히 알 수 없다면? 그런 시기에 횡보장이 만들어집니다.

지수가 좀 오른다 싶으면 차익 실현 매물이 쏟아집니다. 얼마나 더 오를지 모르고 불안하다 보니 적당한 수익이 나면 파는 거죠. 그에 따라 일시적인 하락이 발생합니다. 그러다가 지수가 좀 내리면 저가에 매수하려는 투자자가 늘어납니다. 바닥을 형성한 주가는 자연스럽게 상승하기 시작합니다. 2010년대 초중반의 '박스피'라고 불리던 코스피의 지수 변화가 대표적인 횡보장이라고 볼 수 있습니다.

강세장, 약세장, 횡보장은 큰 규모에서 일어나는 변화입니다. 때문에 어느 정도 변화가 일어난 후에야 인지가 가능합니다. 하지만 일단 인지가 되었다면 장세의 특징에 따라 개별 손실 종목을 어떻게 해야 할지 힌트를 얻을 수 있습니다. 이제 본격적으로 각 장세별 특징과 바람직한 대응 방법을 알아보겠습니다.

CHECK POINT

⊘ 유동성과 추세에 따라 장세가 만들어진다.
⊘ 장세는 강세장, 약세장, 횡보장으로 구분된다.
⊘ 장세에 따라 수습 방법을 다르게 가져가야 한다.

실패를 극복하는 주식투자

강세장의 대응법

먼저 강세장에 대해 알아보겠습니다. 지수가 지난 수년간 뚫은 적 없는 고점을 뚫고 상승이 이어진다면 강세장으로 생각할 수 있습니다. 사실 강세장에서는 걱정할 것이 별로 없습니다. 내가 산 주식만 망할 일이 별로 없기 때문이죠. 전체 종목이 약간의 시차를 두고 고르게 오릅니다. 큰 실수를 하지 않는 한 망칠 일은 별로 없습니다.

그럼에도 불구하고… 내가 산 종목이 손실률이 크다면? 일단은 반성하시기 바랍니다. 강세장에서 -30% 이상의 손실이 발생했다면, 아마도 작전 등으로 단기 급등 시세를 받은 종목을 꼭지에서 잘못 샀을 가능성이 높습니다. 혹시 내가 산 종목이 급격한 시세 상승을 했을 때, 순간적인 욕심으로 급하게 뛰어들진 않았는지 생각해 보셔야 합니다. 후… 대체 왜 그러셨나요.

이렇게 단기 급등주의 꼭지에 물린 경우, 회복이 쉽지 않겠죠. 급상승 이전의 주가 형성이 어떠했는지만 봐도 잘 알 수 있습니다. 만약 내가 산 종목의 평균 단가가 급상승 전보다 크게 높은 상황이라면? 다시 고점을 뚫고 가기 가기가 어려울 수 있습니다. 흔히 '피뢰침'이라고 하는 차트 모양이죠. 한 번 큰 시세를 준 경우, 즉 작전 세력이 시세차익을 취하고 빠져나간 경우는 다시 고점을 회복하기 어렵습니다.

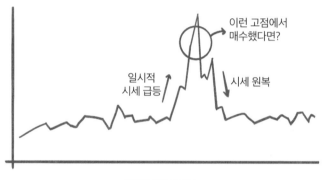

피뢰침 차트의 예시

일반적 관점에서 보면, 손절하고 다른 종목으로 갈아타는 게 더 낫습니다. 강세장이라는 말은 내리는 주식보다 오르는 주식이 더 많다는 뜻이죠. 쭉정이만 골라내도 어지간하면 수익을 낼 수 있습니다. 쭉정이란 뭘까요? 여러분이 물렸던 그 종목을 말합니다. 주로 시가총액이 작은데 급등 시세가 발생했다가 바로 급락이 이어진, 그래서 차트상으로 피뢰침이 발생한 종목들이죠. 뻔한 소리지만, 손절 후 새로 살 종목은 신중하게 고르세요. 제대로 공부한 기업들 중에

실패를 극복하는 주식투자

서 선별해야 합니다. 하지만 강세장이 이어지는 동안이라면, 큰 어려움 없이 수익이 날 기업을 재매수할 수 있을 것입니다.

약세장의 대응법

약세장의 특징 중 하나는 수개월 이상, 길게는 1년 이상 기분이 암울하다는 것입니다. 그러다가 중간중간 반대매매가 터지는 날은 장 전체가 급락을 하며 단기 저점을 찍기도 합니다(반대매매에 대해서는 나중에 자세히 설명드리겠습니다). 주가 하락뿐 아니라 약세장을 실감하는 더 큰 근거가 있습니다. 바로 사람들의 주식시장에 대한 태도입니다.

사람들이… 주식에 관심이 없어요.

왁자지껄하던 단톡방도 조용해지고, 주식 관련 유튜브의 조회수는 바닥을 기어갑니다. 주식 스터디를 하던 사람들끼리는 참석률이 저조해지고, 살 만한 종목을 발굴하지 못합니다. 뭘 사도 손실을 볼 것 같은 불안감이 드는 거죠. 살 만한 종목을 얘기해도 반응이 좋지 않습니다.

초보자들 입장에서는 피 말리는 시기이긴 하지만, 아이러니하게도 강세장에서 손실을 볼 때보다는 멘탈 관리가 잘 되는 편입니다. 인간은 질투의 동물이기 때문이죠. 나만 안 되고 남이 잘될 때보다는 나도 남도 안 될 때가 더 견딜만 합니다.

보통은 반대매매가 터지는 급락장에 손실폭이 커지는데요. 지수기준으로 보면 2~3% 이상 빠지는 심각한 거래일입니다. 사실 이럴 때는 기업의 문제와 관련 없이 주가만 빠지는 경우도 있습니다. 내 종목도 빠지지만 다른 사람들의 종목도 빠지는 날이죠. 보통 이런 날 발생한 손실은 며칠 지나면 돌아오기도 합니다.

문제는 단체 급락이 아닌데 내가 보유한 종목이 다른 종목들에 비해 유달리 빠진 경우입니다. 왜 남들은 이 정도는 아닌데 나만 손실이 심할까요? 이때는 뭘 봐야 할까요? 강세장 때와 마찬가지로 내가 보유한 종목이 빠지기 전의 주가 수준을 봐야 합니다.

혹시 해당 주식을 살 때, 남들보다 더 비싸게 사지는 않았나요? 내가 주식을 매수한 시점의 차트를 보시기 바랍니다. 혹시 해당 종목의 주가가 급등한 이후 매수한 건 아닌지 확인해 봐야 합니다.

일반적인 하락장의 손실폭에 더해, 내가 주식을 비싸게 산 인과응보가 추가 손실폭으로 더해집니다. 슬프고 통탄할 일이지만 명심하세요. '내 잘못입니다.' 이런 경우는 대응하기도 난처합니다. 강세

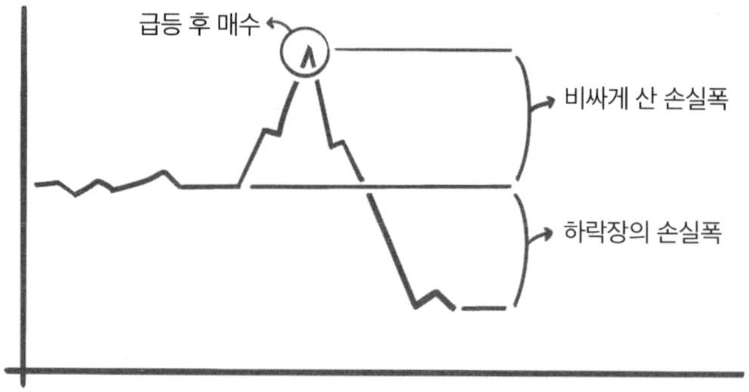

급등 후 매수

장에 비해, 약세장에서는 교체매매의 효과를 보기가 쉽지 않습니다.

고수 투자자의 경우, 약세장이 왔을 때 다음 강세장에서 먼저 치고 나갈 주식을 찾아 교체매매를 하기도 합니다. 손실분을 만회하기 위한 전략적 선택이죠. 하지만 이건 고수에게만 적용되는 방법입니다. 초보 입장에서, (이미 살 때부터 실수해서) 손실폭을 키운 투자자가, 손실을 더 빨리 만회할 최고의 종목을 찾을 수 있을까요?

대부분의 종목이 다 같이 하락한 시장에서 우선적으로 오를 것을 찾아 교체매매를 한다는 것은, 지나친 자기과신입니다. 내가 교체매매를 할 능력이 되는지를 냉정히 판단하는 게 더 중요합니다. 유명한 투자 유튜버인 슈카님의 방송에서 한 투자자가 '어떻게 대응하는 게 좋을까요?'라는 질문을 합니다. 그러자 슈카님이 촌철살인의 답변으로 응수했습니다. '과연 네가 제대로 대응할 수 있을까?' 농담이 섞여 있지만 절대 부정할 수 없는 쓰디쓴 알약입니다.

명심하세요. 초보라서 한 실수를 고수처럼 만회한다는 것은 불가능합니다. 초보는 초보답게, 초보가 할 수 있는 방법으로 대응해야 합니다.

　약세장이 끝나면 순서의 차이는 있지만 대부분 주식들이 이전 주가를 회복합니다. 실제로 투자를 할 때 교체매매보다 더 어려운 것은, 가만히 앉아서 내 종목의 회복을 기다리는 것입니다. 가만히 있으면 무기력하게 느껴집니다. 뭔가를 해야 더 나은 결과가 생길 거라는 (근거는 없는) 의무감이 생깁니다. 하지만 초보 투자자들에게는 가만히 있는 게 더 효과적인 대응입니다.

　물론 사전에 확인할 것들은 있습니다. 우선 내가 산 주식이 대변하는 '기업'의 상태를 봐야 합니다. 약세장이 끝나고 회복할 수 있는 기업인지? 돈을 잘 버는 기업인지? 그게 아니라면 내가 산 이유가 있는지? 그 이유가 훼손된 건 아닌지?

　만약 기다리면 회복할 수 있는 기업이라면, 능동적인 대응은 추가 매수입니다. 어떻게든 평단가를 낮추면 효과적입니다. 평단가가 낮아지면, 나중에 주가가 회복되는 과정에서 더 빨리 본전을 만나고 수익권을 만날 수 있습니다. 비중이 커지며 계좌 수익률이 커지는 것은 보너스죠.

　반대로, 기다려도 회복될 거라는 희망이 보이지 않는 기업이라면 어떻게 하죠? 일단 반성을 좀 더 깊게 하세요(왜 사셨어요, 정말!!). 그런데 이런 종목도 일단은 기다리는 게 낫습니다. 약세장이 끝나면 지수 전체가 회복됩니다. 미래가 안 좋은 기업도 어느 정도는 주가가 회복됩니다. 그 때 손절을 하던 본전치기를 하던 매도를 하면 됩니다. 매도를 하는 순간 투자 손실액은 되돌릴 수 없습니다. 그렇다면 손실액을 조금이라도 줄여야 합니다. -50%에 파는 것보다는 -20%에 파는 게 더 낫지 않겠어요?

CHECK POINT

- ⊘ 약세장에서 손실이 났다면? 내 종목이 유독 심하진 않은가? 비싸게 산 건 아닌가?
- ⊘ 교체매매의 유혹이 있어도 곰곰이 따져 보자. 과연 내가 교체매매를 성공할 수 있을까?
- ⊘ 기다리면 나아질 기업인가? 아니면 기다려도 재미가 없을 기업인가?
- ⊘ 나아질 기업이라면 물을 타며 기다리자.
- ⊘ 그렇지 않은 기업이라면 물은 타지 말되, 손실폭이 줄어들 때까지는 기다리자.

횡보장의 대응법

횡보장의 가장 큰 특징은 무엇일까요? 그 전에 강세장과 약세장의 특징을 짚고 넘어가야 합니다. 각각의 장세에서 누가 돈을 버는지를 아는 것이 중요한 포인트입니다. 강세장에서는 누구나 돈을 벌 수 있습니다. 초보건 고수건 다 같이 행복합니다. 심지어 초보 투자자가 운발을 세워 고수보다 수익률이 좋은 경우도 있습니다. 약세장에서는 다 같이 손실이 납니다. 하지만 진짜 고수들은 약세장에서도 계좌를 슬기롭게 방어해 손실폭을 낮추거나 본전을 지킵니다.

횡보장에서 진짜 실력이 갈라집니다. 고수들은 횡보장에서도 꽤 괜찮은 수익을 올립니다. 반면 초보들은 횡보장에서 수익을 내지 못합니다. 횡보장에서는 투자 실력이 있는 사람들만 돈을 벌 수 있습니다. 왜 그런 걸까요?

횡보장의 가장 큰 특징은 섹터별로 돌아가면서 상승과 하락이 나타난다는 점입니다. 이를 순환매 장세라고 부릅니다. 수많은 종목들 중에 그나마 업황이 좋아 보이는 주식들이 잠깐 오릅니다. 수익이 난 투자자들은 이내 차익 실현을 하고 다음으로 업황이 좋은 주식들로 옮겨갑니다. 그러면 먼저 오른 주식들은 자연스럽게 조정을 맞이합니다.

초보들이 이런 시기에 돈을 벌지 못하고 큰 손실을 보는 이유는 뭘까요? 속된 말로 스텝이 꼬이기 때문입니다. 오르는 주식이 드문 장에서 오르는 주식은 모두의 눈에 띄겠죠. 그러다 보니 주가가 오른다는 사실만으로 더 좋은 주식이라고 착각합니다. 그리고 견물생심이 발동됩니다. 안 사도 되는데 따라 사는 거죠.

한발 늦게 뛰어들면 차익 실현 매물에 희생되어 손실이 납니다. 손실을 만회하려고 또 다른 '이미 오른' 주식을 따라 삽니다. 그러니 내가 사는 종목마다 하락하는 흑마법 같은 경험을 하는 거죠.

제발, 아무것도 하지 마세요.

이런 시기에 투자 고수가 아닌데도 돈을 버는 사람들이 있습니다. 이들의 공통점은 '겁이 많다.'는 것입니다. 그래서 섣불리 움직이지 않습니다. 기다리다 보면 내가 보유한 주식이 오릅니다. 차례가 돌아오는 거죠.

횡보장 순환매 장세의 또 다른 특징이 여기서 드러납니다. 투자 아이디어가 존재하고 그 아이디어가 훼손되지 않았다면, 시간이 해

실패를 극복하는 주식투자

결해 줍니다. 내 차례가 오면 수익이 납니다. 잠깐 손실이 날지언정, 가만히 보유하고 있는 분들이 오히려 성과가 좋습니다.

물론 투자 아이디어가 유효할 때의 이야기입니다. 확률적으로 봤을 때, 횡보장 또한 교체매매가 유리한 장은 아닙니다. 오르는 주식이 오르지 않는 주식보다 적기 때문이죠. 하지만 내가 보유한 종목에서 심각한 실수가 발견되었다면, 조심스럽게 교체매매를 고려해야 할 수도 있습니다. 강세장의 교체매매와 마찬가지로 심사숙고하고 공부한 종목만 건드려야겠죠.

한 가지 추가로 명심할 점이 있습니다. 손실이 큰 주식을 교체매매할 때는, 교체매매 대상도 이미 주가가 망가진 것들 중에서 골라야 합니다. 이미 올랐거나 오르고 있는 종목들보다는, 주가가 많이 떨어진 것들 중에서 고르세요. 스텝이 꼬이며 교체매매를 할 때마다 손실을 키우는 불상사를 방지해야 합니다.

CHECK POINT

⊘ 횡보장에서는 순환매 장세를 기억하자. 돌아가면서 오르고 내린다.

⊘ 가만히 있다 보면 내 차례가 돌아오며 손실이 회복된다.

⊘ 다만 손실 종목의 투자 아이디어가 유효한지는 확인하자.

⊘ 회복이 어려울 것 같다면, 조심스럽게 교체매매를 고려하자.

⊘ 교체매매를 할 때는 오르는 주식이 아니라 똑같이 망가진 주식으로 교체하자.

⊘ 지금 보유한 종목보다는 회복의 전망이 더 보이는 주식을 찾자.

지난 20년간 코스피의
주요 장세 흐름

2001~2003년

21세기가 시작할 무렵 코스피는 상당한 롤러코스터 장세를 맞이했습니다. 닷컴버블의 정점에서 2000년을 맞이한 후 1년 내내 하락한 코스피는 2001년 하반기까지 지수 500대에서 박스권 횡보장을 거치는데요. 9월 11일 테러 이후에는 하단을 뚫을 정도로 폭락을 맞이합니다.

그런데 아이러니하게도 테러 사건에 따른 폭락을 기점으로 코스피는 강세장으로 전환됩니다. 2001년 9월부터 2002년 3월까지 두 배 가까운 지수 상승이 일어나죠. 하지만 2002년의 코스피 고점 당시 밸류에이션을 보면 역사적인 고평가 상태였습니다. 따라서 정점을 찍은 지수는 재차 하락으로 전환됐고, 2003년 신용카드 대란까지

겹치며 1년 동안 절반 가까이 하락하게 됩니다.

2003~2007년

신기할 정도입니다. 주식은 오르면 내리고 내리면 오릅니다. 신용카드 사태로 2003년 3월 바닥을 찍은 코스피는 2007년 10월까지 4년 이상 강세장을 보입니다. 500대에서 출발한 지수는 (중간중간 약간의 조정을 거치기는 했지만) 2,000대까지 거의 네 배가 오르게 됩니다.

이 무렵은 우리나라 증시 역사상 손에 꼽는 강세장이었습니다. 개별 주식들은 4년이라는 짧은 기간 동안 100배 이상 오르기도 했습니다. 수준의 차이는 있지만, 수많은 섹터들이 크고 작은 상승을 맛보았습니다. 슈퍼개미도 많이 탄생했고, 무엇보다도 전 국민이 주식에 관심을 가지고 뛰어드는 시기였습니다.

2007~2010년

많은 분들이 알고 계시는 서브프라임 발 금융위기로 인해, 코스피의 꽃길도 막을 내렸습니다. 2007년 10월의 고점을 끝으로, 2008년 10월까지 1년 동안 2,000대에서 900대까지 반토막의 폭락을 겪게 됩니다. 당시 주식시장의 변동성은 요즘의 코인 시장을 방불케 합니다. 많은 주식 투자자들이 고통을 겪었고, 반강제적으로 주식시장을 떠나게 된 시기입니다.

하지만 거짓말처럼 시장의 반전이 일어납니다. 2008년 10월부터 2010년 말까지 2년여의 기간 동안, 코스피는 2,000대로 바닥 대비 두 배 이상의 상승을 다시금 기록합니다. 전 세계로 퍼진 금융위기로 인해 모든 국가가 부양책과 자본 유동성을 공급했기 때문입니다. 국내 수출 기업의 경우 폭락한 환율로 인해 수출 실적에서 큰 수혜를 입었던 이유도 있습니다.

2011~2016년

거대한 V자 반등의 희열도 영원히 이어질 순 없죠. 2011년 들어 금융위기의 후유증이 퍼지게 됩니다. 미국이 막대한 부채로 경제를 살리다 보니 신용등급 강등을 맞게 되고, 남유럽 국가들의 재정 위기도 발생합니다. 코스피는 2011년 7월까지 2,100대를 유지하다가 9월까지 1,700대 이하로 떨어집니다. 2008년의 악몽이 되살아났기 때문에, 실제 하락률에 비해서 사람들이 체감하는 공포심은 매우 큰 구간이었습니다.

시장의 급락이 마무리된 후, 코스피는 무려 5년여 동안 횡보장을 이어갑니다. 대한민국 주식시장 역사상 가장 지루한 장입니다. 지수는 1,800에서 2,000대를 수시로 왔다갔다합니다. 하지만 재미있는 점이 있습니다. 이 구간 동안 개별 종목들을 보면 상당한 폭으로 상승하기도 했습니다. 어떤 섹터를 고르냐에 따라 투자자들의 성적 차이가 큰 장세였습니다.

2017~2019년

그 어떤 것도 영원할 순 없죠. 2017년 들어 코스피는 끝나지 않을 것 같은 박스권 장세를 끝내고 강세장으로 전환합니다. 2018년 1월 무렵, 지수는 2,000에서 2,500대로 올라섭니다. 지난 5년의 횡보장 속에서도 기업들은 꾸준히 돈을 벌며 본질 가치를 높여 왔습니다. 지수가 유지될수록 대한민국의 저평가도 커지는 것이죠. 어차피 일어날 수밖에 없는 자연스러운 결과였습니다.

하지만 기쁨도 잠시, 2018년부터 미·중 무역분쟁이 본격화되며 코스피는 다시금 힘든 약세장으로 들어섭니다. 단기간의 큰 폭락은 아니었지만, 두어 번의 급락을 거치며 2019년 8월까지 조정을 받습니다. 지수는 2,500에서 1,900대까지 떨어집니다. 하락의 기간이 꽤 길었기 때문에 많은 투자자들이 금융위기 때 못지않은 난이도의 장으로 평가합니다.

2020~2022년

2019년 8월의 바닥 이후 2020년 1월까지 지수가 회복하며, 사람들은 '이제 큰 고비를 넘겼다.'고 안도합니다. 하지만 이게 웬일? 2020년 2월부터 이슈가 된 코로나 사태가 전 세계를 강타합니다. 2020년 3월까지 한 달 만에 지수는 2,200에서 1,400대까지 폭락합니다. 2008년 금융위기의 공포가 되살아나며, 많은 투자자가 패닉에 빠집니다.

하지만 2008년대의 V자 반등과 마찬가지로 아무도 예상하지 못한 강세장이 찾아옵니다. 단기간에 지수가 폭락하며 엄청나게 많은 신규 투자자들이 돈을 싸 들고 주식시장에 뛰어들었습니다. 1,500대 바닥에서 시작한 급등은 2021년 6월 3,300까지 두 배 이상의 큰 상승으로 이어집니다. 신흥 주식부자가 나타나고 주식 유튜브 방송이 쏟아진 시기입니다.

교훈은 사라지지 않습니다. 너무 오른 주식은 다시 빠지기 마련이죠. 2021년 6월을 기점으로 코스피는 다시금 큰 조정을 받습니다. 코로나 사태가 어느 정도 마무리되고 리오프닝이 시작되자, 세계가 쏟아낸 유동성의 역효과가 발생합니다. 코로나로 막혔던 공급망의 병목현상과 유동성이 만나 급격한 인플레이션이 발생한 것이죠. 2021년 6월의 고점을 시작으로 2022년 6월 말까지 1년여 동안 지수는 3,300에서 2,200으로 큰 조정을 맞이하게 됩니다.

이렇게 몇 년 단위로 반복되는 장세 변화를 통해 우리는 무엇을 배울 수 있을까요? 역시 시장은 오르면 내리고 내리면 오른다는 것입니다. 변하지 않는 유일한 진실은 '모든 것은 변한다.'는 것입니다. 영원히 이어지는 장세는 없습니다. 그렇기 때문에 특정 장세가 깊어질수록, 우리는 상황의 반전을 준비해야 합니다. 약세장으로 가장 크게 고통받을 때, 희망을 잃지 않고 강세장을 기대해야 합니다. 강세장의 정점에서 희열을 느낄 때, 슬슬 조심하고 약세장을 준비해야 합니다.

그리고 각 시기별 강세나 약세를 살펴보면, 글로벌 정세와 산업의 변화에 따른 시대적 이유를 발견할 수 있습니다. 주식투자는 개별 종목 선정 게임이 아닙니다. 시대의 흐름에 따른 경제적 수혜를 얻는 자본활동이죠. 따라서 벌어지는 상황에 대한 이해가 필요합니다. 위기가 올 때 정부와 기업은 어떻게 행동하는지, 그에 따른 결과 consequence는 어떻게 벌어졌는지, 투자자들의 반응은 어떻게 변하는지…

이는 예측과는 다릅니다. 거시경제를 예측하는 것은 불가능하죠. 중요한 것은 흐름이 변할 수 있다는 점을 사전에 인지하는 것입니다. 모든 투자 기회는 상황의 변화에서 찾아오기 때문입니다. 세상의 변화에 대해 공부하고 이해하다 보면, 시장의 변화에 대해서도 더 나은 대응을 할 수 있습니다. 그게 투자자가 성숙하는 과정입니다.

내부 상황 파악하기
-자멸을 부르는 실수 리스트

외부 상황은 내 의지만으로 극복하기엔 한계가 있습니다. 반면 내부 상황은 내
실수를 잘 복습하고 나면, 손실 위험을 크게 낮출 수 있습니다. 다음에
같은 실수를 반복하지 않으려면, 이번에 내가 뭘 잘못했는지
분석해야겠죠?

손실의 근원은 무엇일까?

주가의 급락, 그리고 그에 따라 손실이 커지는 과정을 짚어 보겠습니다. 우선, 해당 종목에 불리한 뉴스가 발생합니다. 업황, 규제, 사건 등등 악재가 발생하는 경우죠. 때로는 그런 악재를 미리 분석한 애널리스트들이 해당 종목에 대해 우려하는 리포트를 발행할 때도 있습니다.

부정적인 소식을 확인한 투자자들은 불안해집니다. 보유했던 종목에 대한 심리가 나빠지는 것이죠. 보통 이런 상황을 주식판에서는 '센티가 나빠졌다.'라고도 부릅니다. 센티멘탈sentimental, 즉 감정상태를 의미하죠. 이미 보유한 투자자들은 주식을 매도하기 시작합니다. 매도세가 강해지면 자연스레 호가가 낮아집니다. 팔지 않는 투자자들은 보유 종목의 손실이 늘어납니다. 호가가 점점 더 낮아지며 손실폭도 점점 더 커지는 것이죠.

경험이 부족한 투자자는 절대로 신속하게 빠져나갈 수 없습니다. 손절이라는 것은 손실의 확정을 의미합니다. 평가손은 말 그대로 평가액의 손실 상태입니다. 시간이 지나면 다시 돌아올 수도 있죠. 하지만 손절을 하게 되면 거기서 끝입니다. 거래를 통해 내 재산이 확실히 깎여 나간다는 의미입니다.

손절은 함부로 하는 게 아닙니다. 성급하게 던졌다가 금방 주가가 오르면 어떻게 하죠? 조금만 주가가 빠져도 덥석덥석 던져대는 투자자는 절대로 돈을 벌 수 없습니다. 그런 사실을 스스로도 알고 있습니다. 따라서 손절을 망설이게 되죠. 그러다 조금만 시간이 지나면 자연스럽게 손실폭이 커지게 됩니다.

여기서부터 다음 문제가 시작됩니다. '개인이 겪은 손실의 크기가 얼마인가?' 하는 부분입니다. -10~20%의 손실은 시장의 분위기에 따라 얼마든지 발생할 수 있습니다. 하지만 소위 망친 주식, 일테면 -30% 이상의 손실 종목이 생겼다면 이야기가 달라집니다.

아무리 운이 나빠도, 아무리 큰 악재가 발생했더라도, 이 정도의 큰 손실률이라면 '내가 잘못한 부분'이 분명히 있었다는 뜻입니다. 그 잘못이 무엇이었는지 확인할 필요가 있습니다.

이제 초보 투자자들이 큰 손실을 겪을 때 저질렀던 실수에는 어떤 것들이 있는지 알아보겠습니다. 주식을 망치게 되는 빌런 리스트입니다.

섣부르게 추격매수했다

주가의 오르고 내리는 흐름은 정보의 흐름입니다. 어떤 기업의 미래가 밝다면 그 근거와 희망은 정보가 되어 사람들에게 퍼져 나갑니다. 기업이 좋아질 이유를 먼저 알아낸 사람들은 더 싼 가격에 먼저 주식을 삽니다. 더 늦게 알게 된 사람들은 좀 더 높은 가격을 치르고 주식을 삽니다. 먼저 알게 된 사람들이 시세차익을 내고 더 늦게 사려는 사람들에게 주식을 파는 거죠.

주식을 산다는 것은, 해당 주식을 타고 흐르는 '긍정적 정보를 소비하는 행위'입니다. 망친 주식투자는, 이 긍정적 정보를 마지막으로 소비하는 사람들에게 발생합니다. 영원히 상승만 이어지는 주식은 없습니다. 영원히 좋은 일만 생기는 기업이 없기 때문이죠. 따라서 정보 소비의 단계에서 내 순서가 어디쯤인지를 인지해야 합니다. 초보 투자자라면, 매수하기 전에 반드시 해야 하는 질문이 있습니다.

나는 이 주식을 누구에게 산 것인가?

나는 이 주식을 누구에게 팔기 위해 사는 것인가?

모든 주가의 고점에는 마지막 희생양이 있습니다. 적어도 이 책을 읽고 계시는 분들이라면 절대로, 마지막 희생양이 되지 마시길 바랍니다. 내가 살 가격에 주식을 판 사람들이 있다는 것을 상기하시기 바랍니다. 누군가가 배를 두드리며 이 가격에 팔았다는 사실만 인지해도 함부로 주식을 살 수 없습니다.

주식시장은 수많은 익명들이 모여 호가를 바꿔 가며 거래를 하는 냉혹한 정글입니다. 나에게 주식을 넘기는 사람들이 내 손실을 걱정할까요? 아무도 하지 않습니다. 우리가 수익을 내고 주식을 팔 때도 마찬가지 아닌가요? 이기심은 죄가 아니라 현상입니다. 나쁜 사람이라서가 아니라 누구나 그렇게 하기 때문입니다. 내가 타인의 이기심에 희생되지 않으려면 이타심을 기대하는 게 아니라 현재 상황을 정확히 파악해야죠.

간곡히 부탁드립니다. 제발 급등한 주식은 따라 사지 마세요.

최고점만 피한다고 되는 것도 아닙니다. 급격히 오르는 주가는 급격히 떨어질 때가 많습니다. 내가 마지막 희생양이 아니더라도, 마지막에 가까운 매수자라면 결국 희생양이 될 가능성이 높습니다. 급하게 오르는 주식을 따라 사면, 처음에는 수익이 발생합니다. 5%, 10% 수익이 나기 시작하면 사람이 간사해집니다. 이 속도로 오르면

실패를 극복하는 주식투자

20~30%도 벌겠는데? 이런 근거 없는 희망에 스스로를 속이기 시작합니다.

그러다가 최고점을 찍고 주가가 떨어지면 어떻게 될까요? +10%였던 수익이 5%가 되고 2%가 되고 -3%가 됩니다. 이때부터는 이전 고점인 +10%가 기준이 됩니다. '내가 이걸 사서 10% 벌었는데 그건 되찾고 팔아야지!' 하지만 야속하게도 주가는 더 하락하고, 손실폭은 커집니다. -12%, -18%, -25%… 이쯤 되면 본전 생각이 간절해집니다. 흔히 말하는 '비자발적 장기 투자'가 시작되고 주식도 몸도 마음도 정신도 망가져 갑니다.

한 번 더 강조 드립니다. 제발 급등한 주식은 따라 사지 마세요.

'그럼 더 빠르게 매매하면 되는 거 아닌가요? 5% 수익이 나면 재빨리 익절하고, 혹시 손실이 나면 손실률이 더 커지기 전에 빨리 손절하면 되잖아요?' 이런 질문을 할 수도 있습니다. 그렇게 수익을 내는 트레이더들도 당연히 있죠. 있긴 한데요. 그건 초보 투자자가 따라할 수 있는 행동이 아닙니다. 경험이 없는데 갑자기 그게 되겠어요?

엄격한 익절과 엄격한 손절은 주식판에서 닳고 닳은 경험자에게나 해당되는 말입니다. 저런 매매방식은 불안을 극복하고 감정을 걷어 내야 합니다. 종목 몇 개 사고팔아 봤다고 만들어지는 실력이 아닙니다.

그뿐이 아닙니다. 빠른 트레이딩은 집중력과 풀타임 노동을 필요로 합니다. 장중 모든 시간을 시세만 쳐다보는 사람들에게나 가능한 방법입니다. 대부분 초보 투자자들은 집중력도 길러지지 않았을 뿐더러, 거래시간 대부분을 주식에 집중할 수 없습니다. 본업이 있기 때문이죠. 돈을 벌기 위해 다른 일을 하고 있는 사람은 이런 트레이딩을 할 수 없습니다.

빠른 트레이딩의 환상을 '지금 당장은' 버리세요. 본업이 있으면 불가능합니다. 본업을 버리고 풀타임으로 집중하면요? 그래도 안됩니다. 경험도 없고 돈도 없기 때문에 감정의 변화를 이길 수 없습니다. 시드머니가 작은 사람이 빠른 트레이딩으로 생활비를 버는 것은 불가능합니다.

실상은 그렇습니다. 대부분의 고점 매수자들은, 자신이 고점 매수를 하고 있다는 사실을 어렴풋이 알고 있습니다. 거창한 기술이 필요한 것도 아니죠. 차트만 봐도 보이잖아요? 아래부터 시작해 이미 꽤 올랐어요. 그런데 여기서 조금 더 오를 것을 기대합니다. 나도 조금 얻어먹을 수 있다고 기대하며 들어옵니다. 트레이딩을 하겠다는 거죠. 하지만 결국은 안 됩니다.

아주 소수의 사람들은 재능이 있어서 처음부터 가능할지도 모르죠. 그런데 내가 아무도 모르게 그런 사람이었다? 그런 기대는 접어두세요. 여태까지 겪어 온 우리네 인생을 보면 알죠. 그런 재능을 타고난 사람이었다면 나는 이미 특별한 사람이 되어 있어야 하겠죠? 그건 아니잖아요. 우리 인생이 그렇게 쉽게 풀려 왔나요? 쉽게 풀리지 않으니 자본소득의 필요성을 느끼고 주식시장에 입문한 것 아니겠습니까.

실패를 극복하는 주식투자

마지막으로 강조 드립니다. 제발 급등한 주식은 따라 사지 마세요.

제 이야기를 잠깐 해 보겠습니다. 적지 않은 기간 동안 주식투자를 하면서 다행히도 큰 손실 없이 자산을 늘릴 수 있었는데요. 돌이켜보면 제 수익의 가장 큰 원동력은, 비범함이 아니라 절제력이었습니다. 제가 지켜 온 절제의 원칙 중에서도 가장 중요한 원칙이 하나 있습니다. 바로 '소문난 잔치에는 먹을 게 없다.'는 것입니다.

소문난 잔치는 무슨 의미일까요? 아까 말씀드린 정보의 흐름을 떠올려 보시기 바랍니다. 어떤 종목이 소문났다는 것은 이미 모두가 이 정보를 알고 있다는 것입니다. 모두가 알고 있다면 내가 행동으로 옮길 때가 '정보의 마지막 소비자'가 되는 시점은 아닌지 의심해 봐야 합니다. 좋은 것들은 주가에 모두 반영이 되었고, 마지막 소비자의 하락만 남은 것은 아닐까요? 이런 현실을 기억하고, 섣불리 행동하지만 않아도 대부분의 큰 손실을 피할 수 있습니다.

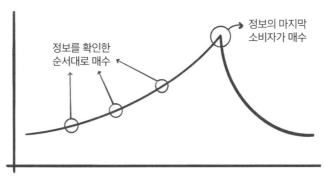

정보의 마지막 소비자가 주식을 사는 패턴

소문난 잔치를 만난다면 어떻게 해야 할까요? 일단 입맛을 다시고 군침을 흘리며 아쉬워해야겠죠. 거기서 끝입니다. 그 잔치를 따라 사는 게 아니라, 나는 왜 이 잔치를 늦게 알았는지, 다른 잔치는 어디서 더 빨리 찾을 것인지 공부하는 것, 그것이 바로 시작입니다.

소문난 잔치, 즉 이미 오른 주식에서는 시세차익이 아니라 교훈을 얻어가세요. 이미 크게 올라서 매수하기 애매한 주식을 발견했다면 기록을 하시기 바랍니다. 이 종목이 어떤 이유로 인해, 어떤 정보에 의해 주가가 상승했는지, 이런 것들을 분석하고 기록해 보시기 바랍니다. 적은 것들이 나만의 데이터로 남습니다. 나중에 비슷한 투자 기회가 생길 때는 좀 더 빠르게 캐치할 수 있습니다. 그게 바로 내공입니다.

CHECK POINT

- ⊘ 주식을 매수하는 것은 해당 주식의 긍정적인 정보를 소비하는 것이다.
- ⊘ 긍정적인 정보를 마지막으로 소비하는 매수자가 물린다.
- ⊘ 모든 주가의 고점에는 희생양이 있다.
- ⊘ 소문난 잔치에는 먹을 게 없으니 따라가지 말자.

실패를 극복하는 주식투자

삼보판지

지금은 그런 실수를 자주 하지 않지만, 예전에는 저도 단기적인 욕심에 휘둘려 섣부른 매수를 할 때가 종종 있었습니다. 가끔 돈을 버는 경우도 있지만 대부분 끝이 안 좋았습니다. 어떤 정보를 듣자마자 추격매수를 해서 단기 수익을 내려면, 순간적인 판단력보다는 침착한 사전 준비가 필요합니다.

준비가 되어 있다는 것은 무엇을 의미하는 것일까요? 바로 기업에 대한 리서치가 선행되어 있다는 것이죠. 알고 있는 기업, 즉 단순히 이름만 아는 게 아닌 어떤 구조로 돈을 버는지, 또 앞으로의 업황은 어떻게 될지 등등의 리서치가 완료된 기업을 말합니다. 그런 기업 중 하나가 우연히 괜찮은 호재와 만난 상황을 발견한다면, 단기간에 추격매수를 하여 괜찮은 수익을 낼 수도 있습니다.

주식투자는 길 찾기와도 비슷합니다. 한 번 찾아본 장소는 다시 찾아가도 익숙합니다. 더 쉽게 길을 찾을 수 있죠. 하지만 처음 가본 장소에서는 더 헤매게 됩니다. 같은 거리도 더 오래 걸리죠. 가보지도 못한 길에서 서둘러 움직이면 길을 잃기 십상입니다.

저에게 추격매수의 아픔과 교훈을 가르쳐 준 종목은 '삼보판지(023600)'였습니다.

삼보판지 2019~2020년 차트

2019년 4월에 최초로 매수해 2020년 초에 -10% 수준에서 손절했습니다. 매수한 이유는 제지 업종의 호황 아이디어 때문이었습니다. 삼보판지를 사기 직전, 신대양 제지(016590)를 통해 15% 정도의 수익을 낸 상태였는데요. 2017년도에 이어 골판지 업종의 업사이클이 찾아오던 시기였습니다.

골판지 업종은 매출이 꾸준하게 이어지는 내수 업종입니다. 바야흐로 택배의 시대이니까요. 다만 펄프와 폐지 등 원재료 가격의 변동에 따라 수익성의 변동이 생길 수 있습니다. 원재료 가격이 올라

실패를 극복하는 주식투자

가면 이익 스프레드(매출과 비용의 차이에 따른 마진의 크기)가 낮아져 수익성이 악화됩니다. 주가는 그에 반응해 하락하죠. 반면 원재료 가격의 상승에 맞춰 판매 가격을 인상하거나 원재료 가격이 떨어지는 경우, 이익 스프레드가 커져 수익성이 높아집니다. 따라서 주가는 오르게 됩니다.

신대양 제지를 살 무렵은 골판지 업종의 호황이 찾아온 시기였습니다. 2017년의 상승기에는 주식을 산 적이 없었지만, 주변 투자자들 중 골판지 업종에 투자한 사람들의 사례를 본 적이 있었습니다. 그리고 2019년에 비슷한 호황이 돌아온 것입니다. 운이 좋게도 진입하자마자 단기간에 수익이 났습니다.

기억하시기 바랍니다. 주식판에선 운이 너무 좋아도 문제입니다.

왜냐고요? 방심하기 때문입니다. 당시 골판지 업종의 주가 상승은 많은 투자자들을 꿈에 부풀게 만들었습니다. 규모가 큰 업종은 아니지만 과점화가 진행되며 중소 업체들이 줄어들었습니다. 자연스럽게 소수 상장사들에게 우호적인 평가가 나왔습니다. 그럼에도 이익 대비 시가총액은 낮은 편이었습니다.

중국이나 미국 등 다른 나라의 골판지 업종은 PER이 두 자릿수에서 형성됩니다. 과점 내수 산업이기 때문이죠. 반면 우리나라 골판지 업종의 PER은 오랫동안 한 자릿수를 넘지 못하고 있었습니다. '이제부터는 두 자릿수 밸류에이션이 이루어질 것이다.', '지금 오른 것보다 몇 배로 오를 수 있다.' 등등의 이야기들이 나왔습니다.

그때부터 저는 마음이 급해졌습니다. 더 늦기 전에 골판지 업종의 비중을 늘려야겠다고 생각했습니다. 신대양 제지를 매도하고 더 큰 금액을 동원해 삼보판지를 매수했습니다. 나름의 이유는 있었죠. 삼보판지가 밸류에이션상으로는 신대양 제지보다 싼 편이었습니다. 자산가치도 큰 편이었습니다. '이왕 살 거 조금이라도 더 싼 걸 사면 괜찮을 것이다.'라고 스스로를 합리화한 것입니다.

차트를 보시면 아시겠지만 2019년 4월을 기점으로 삼보판지의 주가는 꾸준히 하락하게 됩니다. 투자자들이 기대했던, 기존 사이클을 벗어난 큰 상승은 일어나지 않았습니다. 제가 추격매수한 그 시점이 전체 골판지 업종의 단기 고점이었습니다.

2019년 4월 중순, 11,000원대에 매수를 했는데요. 이후 주가는 잠깐 상승하나 싶더니 꾸준히 하락을 이어갔습니다. 주가가 하락할 때마다 급한 마음에 물타기를 이어갔지만 역부족이었습니다. 평가손 기준으로 -20% 이상 내려가기도 했습니다.

급하게 산 종목은 물타기도 급해집니다. 커져 가는 하락폭에 비해 평단가는 좁혀지지 않았습니다. 최종 평단가는 9,000원대 후반이었습니다. 결국 두 자릿수의 평가손을 견디지 못하고 8,000원대에 손절하게 되었습니다.

주식투자에서 가정법은 의미가 없습니다. '내가 그때 이렇게 했었다면 결과는 달라지지 않았을까?' 이런 질문은 해봤자입니다. 망령처럼 투자자의 패배감을 증폭시킵니다. 삼보판지 투자 사례는 지금도 부끄러운 기억입니다. 하지만 우리 모두가 교훈을 얻었으면 좋겠죠. 여러분을 위해 조금만 더 저의 아픈 기억을 헤집어 보겠습니다.

삼보판지를 매도한 후 2020년 3월에 코로나발 대폭락장이 발생합니다. 누구나 기억하는 사건이죠. 하지만 그 이후 골판지 업종은 코로나 팬데믹 수혜주로 부상합니다. 모두가 집 안에서 생활하다 보니, 배달과 택배 수요가 폭증하게 됩니다. 또 다른 호황이 찾아온 것이죠.

제가 매도한 후 1년도 되지 않아 삼보판지의 주가는 제 최초 매수가인 11,000원을 넘어 12,000원대에 안착했습니다. 반년 뒤에는 역사적 고점인 19,300원을 기록합니다. 제 평단가 대비 120% 가까운 상승이었습니다.

저는 보통 2년 이상의 중기 투자를 선호합니다. 만약 평소처럼 가만히 보유했다면, 2년 만에 두 배 이상의 수익을 얻었을 것입니다. 연평균 수익률로는 40%가 넘는 고수익입니다. 하지만 그러지 못했습니다. 평소처럼 보유하지 못한 이유는 무엇일까요?

그 원인 또한 '추격매수'에서 찾을 수 있었습니다. 매수하던 시점의 마음이 너무 급했습니다. 만약 조금만 침착했다면? 이미 주가가 꽤 오른 상황에서 무모하게 거금을 태우지는 않았을 것입니다. 투입 가능한 자금 중 일부만 넣고, 분할 매수 전략을 세웠을 것입니다.

침착하게 분할해 매수했다면 최종 평단가 또한 훨씬 낮았겠죠. 그랬다면 코로나 팬데믹의 폭락 시기에도 더 마음 편하게 기다렸을 것입니다. 하지만 손실폭이 커지며 마음이 급해졌습니다. 그래서

(필요 없는) 손절을 감행한 것이죠.

　어떤 종목이 신나게 오를 때, 깊게 따지지 않고 성급하게 따라 사면 (당연히) 손실이 발생하게 됩니다. 문제는 기대와 다르게 손실폭이 커져갈 때, 자책하는 마음이 덩달아 커진다는 것입니다. 골이 깊으면 산도 높아집니다. 혹시 실수해서 비싼 가격에 주식을 매수했더라도, 침착하게 기다리며 평단가를 낮추면 반전의 기회를 잡을 수 있습니다.

　하지만 자책에 빠지면 반전이 올 때까지 기다리지 못합니다. 스스로 저지른 실수가 부끄러운 것이죠. 부끄럽기 때문에 조금이라도 빨리 그 상태를 벗어나길 원합니다. 결국 (실제로 버틸 수 있는 것보다) 더 빨리 손절하게 됩니다.

　추격매수로 물리게 되면, 금액의 손실뿐 아니라 심리적 손해도 함께 발생합니다.

밸류에이션을 안 했다

보석이 비싼 이유는 무엇일까요? 희귀하기 때문이죠. 세상에 풀린 보석은 적지만, 갖고 싶어 하는 사람들은 많습니다. 그래서 가격이 올라갑니다. 아이러니하게도 가격이 오른 보석은 더 많은 사람들이 갖고 싶어 합니다. 혹시 '베블런 효과 veblen effect'라는 말을 들어보셨나요? 가격이 비쌀수록 허영심과 과시욕을 자극하여 더 많은 사람들이 원하게 되는 현상을 말합니다. 수요가 가격을 결정하는 게 아니라 가격이 수요를 늘리는 현상이죠.

주식시장에서도 비슷한 일이 종종 일어납니다. 한 기업의 '주식' 또한 궁극적으로는 보석과 같습니다. 사고팔 수 있는 하나의 상품이자 재화입니다. 그러다 보니 베블런 효과가 발생하는 경우가 있습니다.

보석처럼 빛나는 위대한 기업들이 있죠. 돈 잘 벌고, 빠르게 성장하고, CEO가 연예인처럼 인기도 많고, 사람들이 열망하는 제품을 만들어 주는 그런 기업입니다. 이런 기업들은 주가도 오랫동안 크게 상승하곤 합니다.

문제는 이런 기업을 사고팔아 시세차익을 내려고 하는 투자자들에게 있습니다. 투자자는 궁극적으로 좋은 기업이 아니라 좋은 투자처를 찾는 것을 목표로 하고 있습니다. 하지만 야성적인 본성 때문에 이 목표를 잃어버리는 경우가 많습니다. '누구나 칭송하는 유명하고 좋은 기업에 투자했는데, 정신 차려 보니 나는 왜 돈을 잃었지?' 이런 망연자실에 빠지는 초보 투자자들이 꽤 있습니다. 어디서 실수한 것일까요?

모든 '희소하고 훌륭한 것'에는 그에 따른 프리미엄premium이 붙습니다. 웃돈이라고 보면 되죠. 결국은 돌멩이에 지나지 않는 보석이 다른 돌멩이보다 비싼 이유, 강남 아파트가 시골 아파트보다 비싼 이유, 고성장하는 유명한 기업이 다른 기업보다 주가가 비싼 이유는 이 모두가 프리미엄이 붙은 결과입니다.

특히 주식시장에서, 이 프리미엄은 정해진 값이 아닙니다. 공식으로 떨어지는 값도 아닙니다. 유동적으로 변하는 숫자입니다. 이 변화는 어디서 발생할까요? 사람들의 열망과 허영심에서 발생합니다. 놓치기 쉽지만 정말 중요한 진실입니다. 사람들의 열망은 온도와도 같습니다. 뜨거워질 때도 있고 차가워질 때도 있습니다. 끓는 점과 어는 점의 차이처럼, 같은 주식에 매기는 프리미엄도 크게 달라질 수 있습니다.

실패를 극복하는 주식투자

간혹 특정 기업이 미래에 유망한 사업을 하며 모두의 관심을 끌 때가 있습니다. 이때 붙는 프리미엄이, 베블런 효과에 의해 가속도를 가지기도 합니다. 주식시장에서는 '밸류에이션 리레이팅valuation re-rating' 또는 '멀티플multiple 확장'이라고 부르는 현상입니다.

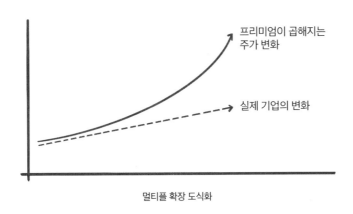

프리미엄이 곱해지는 주가 변화

실제 기업의 변화

멀티플 확장 도식화

여기서 밸류에이션valuation은 PER, PBR 등 기업 지표에 대해 주가가 매겨지는 배수를 뜻합니다(배수이기 때문에 멀티플이라고 부르기도 합니다). PER이 10이라면 주가가 기업 이익의 10배에 거래된다는 뜻이겠죠? 리레이팅re-rating은 그 배수가 기존에 거래되던 평균에 비해 더 높아지는 것을 말합니다. 10배에 거래되던 주식이 15배에 거래된다? 이는 사람들이 평가rating를 다르게 한다는 것이죠.

실제로 그런 일이 일어납니다. 여태까지는 PER 20배에 거래되던 주식이, 사람들의 관심과 희소함에 대한 열망이 커지며 PER 30배에 거래됩니다. 10배의 웃돈을 얹기 시작했다는 거죠. 그러면 주가 상승 때문에 더 많은 사람들의 관심을 불러일으킵니다. 더 큰 관심은 더 큰 리레이팅을 부릅니다. 40배, 50배, 심지어 100배가 넘게 거래되기도 합니다. 무슨 뜻일까요? 예전에는 1,000억을 벌던 회사의 시가총액이 2조였는데, 관심이 많아지고 나면 똑같이 1,000억을 벌어도 10조에 거래될 수 있다는 것이죠.

오르는 주가가 주가를 올리는 상황입니다. 혹시 옛날 국어책에 나오던 '호접몽' 기억하시나요? 나비가 장자가 되고 장자가 나비가 되는 그런 상황입니다. 실제로 주식투자를 할 때 큰 수익이 나는 시기는 이렇게 오르는 주가가 주가를 올릴 때입니다.

하지만 이런 순간에 방심하면 안 됩니다. 언젠가 꿈은 끝나고 현실로 돌아오게 되어 있습니다. 나비처럼 훨훨 날다가 정신 차려 보니 주식에게도 우리에게도 날개는 없었던 것이죠. 그 사실을 너무 늦게 깨닫습니다. 그러면 이런 질문들을 하십니다.

"주가가 그렇게 잘 오르더니 왜 갑자기 이렇게 많이 빠지는 거죠?"

주가가 신나게 오르던 유명한 기업이 갑자기 큰 폭락을 맞았을 때, 그 기업 주식을 샀다가 손실이 생긴 초보 투자자분들이 흔히 하는 불평입니다. 여기서 무서운 점이 있습니다. 대부분 고성장하는 유명 기업들은 주가가 빠지기 전까지는 꽤 오랫동안 상승을 보여줍니다. 다시는 내려가지 않을 것 같은 기분이 들 정도로 오랫동안 말이죠.

그런데 상승분의 상당량이 '멀티플 확장', 즉 사람들의 열망이 부풀어 오른 것에 좌우되었다면? 열망이 식는 순간 그 많은 상승분이 일시에 되돌아갈 수 있습니다. 이 부분을 정확히 캐치하셔야 합니다. 기업의 실적 상승보다 멀티플 상승이 더 컸던 주가 상승은 결국 큰 하락을 만나게 됩니다.

좋은 기업이라고 해서 샀는데 주가가 크게 빠져 손실을 입은 분들이 있습니다. 주가가 왜 빠지는지에 대해 속상해 하지 마시고, 이전에 왜 올랐는지 그 이유를 생각해 보시기 바랍니다.

다시 정리해 보겠습니다. 누구나 알고, 누구나 칭송하고, 누구나 열망하는 위대한 기업의 '폭발적인' 주가 상승! 그 원인은 기업 자체가 잘 해서도 있지만, 그 기업을 응원하는 사람들의 (언제든 변할 수 있는) 심리에 의해 좌우됩니다. 그리고 그 심리 변화가 숫자로 나타나는 것이 밸류에이션 리레이팅입니다.

이제는 단어 하나를 추가로 공부해야 합니다. 바로 '디레이팅de-rating'입니다. 리레이팅과 반대로 밸류에이션 배수가 축소되는 현상을 말합니다. PER 40배에 거래되던 주식이 30배, 20배로 쪼그라드

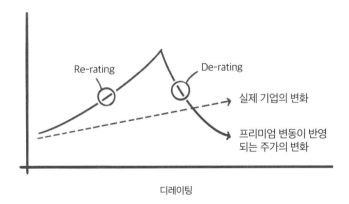

디레이팅

　　　　　　　　　PART 3. 내부 상황 파악하기-자멸을 부르는 실수 리스트

는 것이죠. 주가가 하락할 때 실감하게 되는 현상입니다.

주로 사람들의 기대가 너무 커졌다가 이성을 찾기 시작할 때, 기대를 받은 기업이 그 기대에 미치지 못할 때, 또는 유동성이 축소되고 전반적인 시장의 주가가 떨어질 때, 이런 디레이팅이 발생합니다.

문제는 디레이팅이 시작되기 직전에 주식을 사는 사람들입니다. 위대한 기업의 주식을 사고도 절망적인 손실을 입을 수 있습니다. 그렇게 당하고는 주식은 이해할 수 없는 도박이라고 생각합니다. 나에게 큰 불운이 닥쳤다고 착각하게 됩니다. 슬프고도 슬픈 현실입니다.

이런 실수를 하지 않으려면 어떻게 해야 할까요? 밸류에이션 자체에 대한 기본적인 이해가 필요합니다. 그리고 직접 밸류에이션을 해야 합니다. 뭘 하라고요? 겁먹지 마시고요. 다시 설명을 드리겠습니다.

밸류에이션에는 숫자가 들어가기 때문에 겁먹는 분들(특히 문과나 예체능계 출신 투자자들)이 많습니다. 하지만 어렵게 생각할 필요가 없습니다. 그냥 지금 현재의 주가가 기업의 돈 버는 능력에 몇 배로 거래되는지를 확인하면 됩니다. 반대로 밸류에이션에 목숨 거는 분들(주로 이과 출신 투자자들)도 있습니다. 하지만 밸류에이션은 계산만 한다고 끝이 아닙니다.

밸류에이션에서 중요한 것은 '계산'이 아니라 '비교'입니다.

실패를 극복하는 주식투자

어떤 기업의 PER이 30배라면 무슨 의미를 뜻하는 것일까요? 그 자체로는 아무런 의미가 없습니다. 그냥 지금 당장 30배에 거래되고 있다, 그뿐이죠. 하지만 다른 기업은 10배에 거래되고 있는데 이 기업이 30배라면 비교가 발생합니다. 왜 똑같이 버는 돈인데 어떤 기업은 더 비싸게 거래될까요?

거기서 끝이 아닙니다. 리레이팅과 디레이팅은 동일 기업의 본질 가치 변화가 아닌 웃돈의 변화입니다. 같은 기업이, 예전에는 10배에 거래되다가 왜 지금은 20배에 거래되는 것일까요? 10배의 추가 웃돈이 생기는(주가가 두 배로 상승하는) 동안 무슨 일이 발생했을까요? 그 일이 앞으로 미래에도 동일하게 발생할까요? 그렇다면 여태까지 그랬던 것처럼 웃돈도 10배가 더 추가될까요? 20배에 거래되던 주식이 30배, 40배까지 거래될까요? 그리고 제일 중요한 질문은 '지금 사도 주가가 두 배(PER 20에서 40으로) 더 오를 수 있느냐?' 하는 것입니다.

마지막으로 하나가 더 있죠. 그럼 혹시나! 만약에라도! 이렇게 리레이팅으로 오른 주가가 디레이팅으로 돌아가지는 않을까요? 지금 내가 산 가격이 너무 비싼 가격은 아닌가요? 위대한 기업을 꼭지에 사서 정작 나에게는 손실만 발생하지는 않을까요? 이런 다운사이드 리스크Downside risk도 생각하는 것까지가 밸류에이션입니다.

꼭 고성장 우량 기업에만 해당하는 이야기는 아닙니다. 투자자는 모든 종목을 매수하기 전에 밸류에이션을 거쳐야 합니다. 공부하고 고민한 후 매수해도 될 만한 가격대라는 확신이 들 때 그때 매수를 해야죠. 다시 한 번 정리해 보겠습니다. 우리가 밸류에이션 측면에서 질문해야 하는 것들은 아래와 같습니다.

1. 관심 기업이 현재 거래되고 있는 배수의 상대적 의미는 무엇인가? 다른 기업과 어떻게 다른 배수를 받고 있는가?
2. 관심 기업의 과거와 현재까지 배수는 어떻게 변했으며, 미래에는 어떻게 흘러갈 것인가?
3. 혹시 지금의 배수보다 내려갈 가능성은 없는가?

아무리 유명하고 화려한 기업이라도 하락 없이 영원히 오를 수만은 없습니다. 특히 성장 산업에 속한 종목이라면 신중하게 사야 합니다. 중간중간에 찾아올 조정의 기회를 노려서 사야 합니다. 어느 정도가 조정인지? 역사적으로 봤을 때 평균 배수는 어느 정도였는지? 미래 실적을 감안하면 향후 1~2년 후 어떻게 주가가 바뀔 수 있는지? 이런 것들을 고려하며 좋은 매수 기회를 찾아야 합니다.

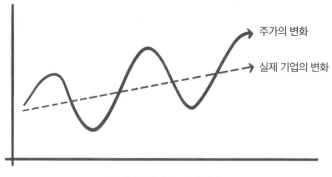

밸류의 변화에 따른 주가의 변화

실패를 극복하는 주식투자

예를 들어 어떤 기업이 지난 10년 동안 15배에서 30배 사이의 PER 값을 기록했다고 가정하겠습니다. 어떨 때는 주가가 내려 PER이 15까지 내려갈 때도 있고, 다른 때는 주가가 올라 30배까지 오르는 경우도 있었습니다. 일단 흑자를 내는 기업이라면, 버는 돈이 회사에 쌓이면서 장기적인 주가는 우상향합니다. 대신 역사적 PER(또는 PBR 등 다른 지표) 값의 범위를 지나치게 벗어나지 않는 선에서 파동을 그리며 우상향하겠죠.

언제 사야 하는지 감이 오시죠? 위 그래프에서 밸류에이션 상 낮은 배수를 받는 시기, 하지만 미래에 버는 돈이 쌓이면 낮은 배수의 저점 또한 오르는 시기, 기업이 잘 되어 배수가 높아진다면 큰 수익을 낼 수 있는 시기. 바로 이런 시기에 주식을 사는 것입니다.

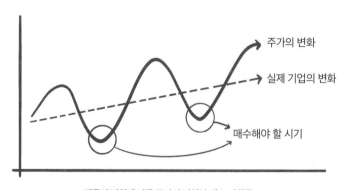

밸류의 변화에 따른 주가의 변화상 매수 기회들

무조건 오른다고 해서 따라 사지 않는 투자자! 현 상황의 밸류에이션을 파악하고 미래의 밸류에이션 변화를 예상하며 신중한 결정을 하는 투자자! 그래서 결과적으로 더 큰 수익을 더 안전하게 얻는 투자자가 되시길 바랍니다!

CHECK POINT

⊘ 인기 있는 주식은 웃돈이 붙고 상승한다.
⊘ 상승이 또 다른 상승을 부를 때, 밸류에이션은 리레이팅(상승)한다.
⊘ 하지만 인기가 식으면 밸류에이션은 디레이팅(하락)한다.
⊘ 한 종목에 대해 과거와 현재의 밸류에이션을 비교해야 한다.
⊘ 주가가 오른다고 무작정 따라 사지 말자.
⊘ 기업 가치에 비해 밸류에이션이 쌀 때만 사자.

실패를 극복하는 주식투자

에이티넘인베스트

사실 모든 손실의 근원은 '싸게 사지 않았다.'에서 비롯됩니다. 하지만 '싸게 사지 않음'도 여러 가지 형태가 있습니다. 추격매수는 흔히 겪을 수 있는 심리적 실수입니다. 그러나 밸류에이션의 부재로 비싸게 사는 것은 프로세스의 오류입니다. 변명의 여지가 없는 실수입니다.

투자를 8년이나 한 저도 밸류에이션을 하지 않은 실수를 또 한 번 저지르게 됩니다. 알고도 못 지킨 멍청한 실수는 이번이 마지막이길 간절히 기도하며, 다시 한 번 뼈아픈 사연을 공유해 드립니다.

2021년 9월쯤, 주식 스터디에서 재미있는 발표를 듣게 되었습니다. 암호화폐 거래소 회사들의 지분을 가진 상장 기업에 대한 이야기였습니다. 암호화폐 투자의 문제들을 해결하기 위해 '특금법'이 만들어지게 되었고, 12월 시행을 앞두고 있던 상황이었습니다. 거래소들은 실명확인 계좌를 확보해 금융위에 제출해야 했습니다. 문제는 대부분의 거래소가 불가능한 의무였다는 것이죠. 사전에 준비하지 않았다면 시행령에 맞춰 폐쇄될 운명이었습니다.

그런데 메이저 거래소 중 하나인 업비트가 가장 먼저 실명확인 계좌를 제출하게 되었습니다. 다른 거래소를 쓰던 투자자들은 폐쇄의 두려움에 너도나도 업비트로 옮겨가게 되었습니다. 이것이 업비트가 가상자산 거래의 압도적 1위 업체가 된 계기였습니다.

주식 투자자들은 자연스럽게 업비트의 모회사인 두나무, 그리고 두나무의 지분을 갖고 있는 상장사에 관심을 가질 수밖에 없었습니다. 이를 계기로 두나무는 2021년 상반기에만 1.6조가 넘는 순이익을 벌어들였습니다. 비상장 기업가치는 10조에서 20조까지 이야기가 나왔습니다.

저는 오랫동안 암호화폐 관련 투자는 하지 않는다는 원칙을 가지고 있었습니다. 그쪽 분야의 기술을 못 믿는 게 아니라, 암호화폐에 뛰어든 투자자들의 심리를 읽을 자신이 없었기 때문입니다. 옛말에 '소문난 잔칫집에는 먹을 게 별로 없다.'란 말이 있습니다. 투자에 있어서도 예외를 두지 않았습니다. 특히 저처럼 눈치가 없고 행동이 느린 투자자는 더더욱 그렇습니다.

그럼에도 불구하고 스터디에서 들은 내용은 제 심장을 뛰게 만들었습니다. '암호화폐 투기판에 오가는 춤추는 돈들의 수혜를 간접적으로 받아 보자!'라는 생각이 들었습니다. 저는 이러한 생각으로 꿈에 부풀었습니다.

실패를 극복하는 주식투자

두나무 수혜주 중 하나로 에이티넘인베스트(021080)가 있었습니다. 투자자를 모아 투자조합을 결성하고 그 자금으로 벤처기업에 재투자하는 창투사(창업투자회사)입니다. 두나무에 투자한 조합은 2014년에 결성되었는데, 마침 8년의 존속기간이 끝나고 2022년에 청산이 예정되어 있었습니다. 청산될 때 투자자로부터 성과보수를 추가로 받을 수 있기 때문에, 최종 투자 수익이 회사의 실적에 찍힐 것이라는 기대도 하게 되었습니다.

두나무가 미디어나 장외시장에서 인정받는 기업가치를 감안했을 때, 에이티넘이 벌어들일 수 있는 돈은 1,000억에서 3,000억 정도로 판단했습니다. 당시 시가총액이 2,000억 조금 넘었던 것을 감안하면 매우 큰 금액이죠. 이번에 들어올 돈만 감안해도 큰 폭의 주가 상승이 가능하다고 생각했습니다. 당시 두나무의 실적이나 분위기를 감안했을 때, 제 입장에서는 두 배의 수익이 기대되는 매력적인 투자 기회였습니다.

문제는 상방의 기대와 별개로 하방의 가능성을 체크하는 부분이었습니다. 밸류에이션이라는 숙제가 남았죠. 제가 저지른 더 큰 실수는 밸류에이션을 하지 않은 게 아니라, 하고도 무시하고 넘어간 것이었습니다. 간단하게 계산했을 때, 에이티넘인베스트의 상방은 두 배 이상 열려 있었지만, 하방 또한 30~40%는 열려 있다고 생각했습니다. 2021년 여름에 암호화폐 관련주들이 테마를 타서 급상승했기 때문이었습니다.

테마가 끝나고 주가는 고점 대비 꽤 조정을 받은 상태였지만, 그래도 낮은 주가는 아니었습니다. 하지만 저는 수익의 꿈에 판단력을 상실했습니다. '이렇게 지분가치가 높은데 큰 하락이 오겠어?' 하는 안일한 생각으로 투자를 감행했습니다.

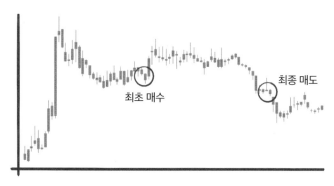

에이티넘인베스트 2021~2022년 차트

실제로 단기간에 10% 이상의 수익권으로 접어들었습니다. 하지만 제 눈은 벽에 박힌 못처럼 '두 배'에 고정되어 있었습니다. '고작 이거 벌려고 들어온 게 아니다! 청산하면 들어올 돈이 얼마인데! 나도 암호화폐 맛 좀 보자!' 마음속에선 방정맞은 자아들이 난장 파티를 벌이고 있었습니다.

이쯤에서 주식 투자자들이 꼭 기억해야 하는 복싱 명언을 다시 한 번 떠올려 보겠습니다.

"누구나 주둥이에 펀치를 맞기 전까지는 그럴듯한 계획을 갖고 있다."

-마이크 타이슨Mike Tyson

실패를 극복하는 주식투자

제가 수익의 단꿈에 부풀어 있던 사이 제 인중을 노리며 날아오던 펀치는 '루나 사태'였습니다. 우리나라에서 개발한 스테이블(안정적인) 코인을 표방한 테라와, 그 테라를 위해 추가로 개발된 루나라는 코인이 폭락한 사건이었죠. 그 과정에서 해당 코인을 개발한 회사와 창업자의 문제까지 불거지며 수십 조의 투자 피해가 벌어졌다고 전해집니다. 결국 거래소들은 해당 코인의 거래를 정지시켰습니다.

사실 제가 투자한 에이티넘인베스트는 그 사태와 직접적인 관련이 없습니다. 사전 수익분배로 인해 두나무의 지분을 꽤 처분한 이후였고, 두나무 자체도 거래소인 업비트의 모회사일 뿐 테라와 직접적인 관계는 없었죠. 다만 암호화폐 테마로 오른 이력이 있는 만큼, 암호화폐발 악재 또한 투자 심리에 고스란히 반영되었습니다. 예상하지 못한 주가 하락이 시작되었고, 10% 정도의 수익을 내던 제 투자도 -30% 가까운 손실권으로 변했습니다.

결과적으로는 최초의 투자 아이디어도 훼손되었습니다. 루나 사태에 따라 암호화폐 시장 전반이 얼어붙었고, 거래소들의 수수료 수익도 줄어들었습니다. 두나무의 장외 지분가치도 예전만큼 후하게 줄 수 없는 상황이 되었습니다. 쓰라린 패배였습니다. 밸류에이션을 무시한 채 투자 아이디어만 믿고 들어갔는데, 투자 아이디어가 부러졌으니 손실폭을 막을 방도가 없었죠.

향후 에이티넘인베스트의 주가는 예측할 수 없었지만, 제가 무엇을 잘못했는지는 (지나고 나서야) 명확히 보였습니다. 밸류에이션을 하고도 투자에 참고하지 않았다는 것입니다. 좋아질 부분만 보고 나빠질 가능성을 염두에 두지 않은 것입니다.

이것이 주식투자에서 잊어서는 안 되는 교훈입니다. 어떤 종목이 가진 가장 밝은 미래만 보고 투자를 감행할 때, 운명은 우리에게 가장 어두운 사건을 던져 줍니다. 나에게는 그런 일이 일어나지 않을 것 같다고요? 장담하건대, 생각보다 굉장히 자주 일어납니다.

제가 투자한 수십여 종목 중, 절대 예상할 수 없었던 큰 악재를 만난 사례를 떠올려 보면 다섯 가지나 됩니다. 8년간 다섯 개면 적은 확률이 아닙니다. 한 번도 만나지 않고 주식투자를 이어갈 수는 없다는 뜻입니다.

루나 사태로 에이티넘인베스트의 주가가 떨어진 것은 운이 없었다고 볼 수도 있습니다. 하지만 잘 생각해 보면 제가 최초에 세운 원칙을 스스로 어긴 것이기도 합니다. 제가 코인에 투자를 하지 않은 이유는 코인 시장에 참여한 사람들의 심리를 읽을 수 없기 때문이었습니다. 코인 관련 주식에 투자한 사람들도 비슷한 심리를 가질 수 있음을 예상해야 했죠.

밸류에이션을 하는 이유도 사실은 여기에 있습니다. 밸류에이션을 하기 위해 고려하는 PER, PBR 등은 절대적인 숫자가 아닌 상대적 숫자입니다. 실적을 추정하더라도 추정일 뿐 정확한 값을 맞출 수는 없습니다. 하지만 정확하지 않은 계산일 수는 있어도 계산을 한 것과 하지 않은 것은 전혀 다른 결과를 가져옵니다.

주식투자의 밸류에이션은 로켓의 궤도를 계산하는 수학과는 목적이 다릅니다. 로켓의 궤도는 틀리면 죽음으로 직결됩니다. 만회가 불가능합니다. 하지만 밸류에이션은 '틀려도 괜찮은 투자'를 하는 것을 목적으로 합니다. 대략적인 주가의 범위를 가늠해 안전도를 체크하는 것입니다. '이 정도면 사도 된다.', '이 정도면 안 사는 게 낫다.' 이런 판단을 내리는 의사결정의 도구라고 볼 수 있습니다.

다리를 만들 때는, 다리 위로 지나갈 수 있는 가장 무거운 차량의 무게보다 몇 배나 더 무거운 하중을 견디도록 설계합니다. 필요한 수치보다 더 보수적으로 만들어 불상사를 원천봉쇄하는 것이죠. 주식투자에서는 이런 개념을 '안전마진margin of safety'이라고 부릅니다. 밸류에이션은 안전마진을 찾아내는 가장 쉬운 숙제입니다.

투자 아이디어를 세우지 않았다

앞서 밸류에이션까지 이야기를 해 보았죠. 그런데 안타깝게도 주식을 망치는 이유들은 아직 더 남아 있습니다. 제대로 된 수익을 낼 수 있으려면 한 단계 더 나아갈 필요가 있습니다. 밸류에이션을 감안해 비싸지 않은 주가에 매수할 수 있다면 일단 손실의 위험은 많이 줄어들 것입니다. 하지만 반드시 큰 수익을 보장해 주지도 않습니다.

나름대로 보수적인 투자를 하는 초보 분들 중, 큰 손실은 보지 않지만 시간이 꽤 지나도 자산이 불어나지 않아 고민인 분들이 있습니다. 보유 종목들의 수익률을 보면 은행 예금 같기도 합니다. -10%에서 +10%를 크게 벗어나지 않고, 시간이 흘러도 본전 근처에서 우왕좌왕하는. 이런 분들이 놓치고 있는 것은 무엇일까요?

바로 핵심 투자 아이디어의 부재입니다.

일단은 밸류에이션을 해 봐야 합니다. 그리고 부담되지 않는 밸류일 때만 매수를 고려해야 합니다. 하지만 '상대적으로 낮은 밸류' 자체가 투자의 핵심 이유가 될 순 없습니다. 투자를 하기 위해서는 투자 아이디어가 있어야 합니다.

아이디어란 뭘까요? 쉽게 말해서 '가까운 미래에 지금보다 회사가 더 좋아질 것이라는 예상'입니다. 말은 쉬운데 좀 모호하죠? 표현의 디테일을 하나하나 뜯어 보겠습니다.

'가까운 미래'는 시계열을 말합니다. '회사가 더 좋아질 것'이라는 예상이 현실화되는 시기를 말합니다. 누군가는 3개월짜리 투자를 할 것이고, 누군가는 1년짜리, 2년짜리 투자를 할 것입니다. 또 어떤 사람은 3일짜리 투자를 할 수도 있겠죠(초보들은 하지 마세요, 대부분 틀립니다). 중요한 건 같은 주식이라도 사람들의 생각에 따라 적정 보유 기간이 달라진다는 점입니다.

삼성전자의 예를 들어볼까요? 삼성전자는 IMF 이후 25년 가까이 꾸준히 올랐습니다. 하지만 그 사이에는 수많은 등락이 존재했습니다. 중간중간 3~4년 정도의 조정도 있었지만 나중에는 전고점을 갱신하고 더 높은 신고가를 기록했죠. 이런 등락 사이에서 단기적인 사이클을 노리고 1~2년짜리 투자를 하는 분들도 있고, 더 구체적인 분기 실적을 파악하며 3~6개월짜리 투자를 하는 분들도 있고, 말 그대로 그날 사서 그날 파는 데이 트레이딩을 하는 분들도 있습니다. 또는 월급을 고스란히 삼성전자에 적금처럼 붓고 기다리며 20년을 투자한 분도 있습니다.

보유 기간은 달라도 다들 크고 작은 돈을 벌었을 것입니다. 이게 시계열의 차이입니다. 누군가에게 가까운 미래는 내일일 수 있지만, 또 누군가에게 가까운 미래는 20년 후 은퇴할 시점일 수도 있습니다. 중요한 것은 내 투자 스타일에 맞추고 '내가 심리적으로 편안한' 보유 기간을 스스로 설정하는 것입니다.

보유 기간이 달라도 다들 돈을 버는데, 왜 나는 잃은 건가요?

이제부터 이 질문에 대한 답을 드려야겠죠? 투자 아이디어의 두 번째 요소인 '좋아질 것'에 대한 이야기를 드리겠습니다. 누군가는 '호재'라고 이야기하고, 누군가는 기업의 '성장' 또는 '회생'이라고도 합니다. 때로는 '정치 테마'라고 할 때도 있죠(정치 테마주는 웬만하면 하지 마세요).

하나의 기업에도 수많은 일이 일어납니다. 나쁜 일도 많이 일어나고 좋은 일도 많이 일어나죠. 실현 가능한 좋은 일 중에서 어떤 것을 선택할지가 중요합니다. 내가 선택한 좋은 일의 현실화 시점에 따라 보유 기간이 결정되기 때문이죠.

투자의 시계열에 관해 복잡한 변수가 하나 더 있습니다. 향후 발생할 호재에 대한 시나리오는 내가 그릴 수 있지만, 실제 주가가 오르는 시점은 내가 정할 수 없습니다. 주가의 (실제) 상승은 특정 시나리오에 대한 대중들의 반응에 의해서 결정됩니다.

실패를 극복하는 주식투자

호재는 뉴스의 수만큼 다양합니다(악재도 마찬가지죠). 하지만 특정 호재에 대중이 크게 반응할 때, 그때부터 주가가 상승하게 됩니다. 중요한 포인트는 '크게' 반응한다는 것입니다. 크다는 것은 '모두가 동의하고 납득하는' 상태입니다. 모두에게 확실해지기 전에는 좋은 일이 발생하더라도 주가가 오르지 않는 경우가 많습니다.

실적 증가 등의 잠재적인 호재가 있더라도 주가는 오랫동안 반응하지 않는 경우가 있습니다. 일부는 동의하고 일부는 동의하지 않는 상태인 거죠. 그러다가 시간이 지나고 실적발표나 뉴스, 증권사 애널리스트의 바이 콜buy call 등으로 그 호재가 '명확'해지면, 많은 사람들이 앞다퉈 주식을 사면서 주가가 급등하게 됩니다. 대중이 공통적으로 동의하는 상태가 중요합니다.

그래서 핵심 투자 아이디어는 ①명확하고 ②쉽고 ③드라마틱해야 합니다. 지나치게 복잡한 아이디어는 대중들의 동의를 얻기 어렵습니다. 그리고 어느 정도는 대중에게 놀라움을 주어야 합니다. 임팩트가 있는 스토리일수록 사람들에게 빠르게 전파되기 때문이죠.

가치 투자를 추구하며 굉장히 저평가된 주식을 산 초보 투자자들이 아무리 시간이 지나도 주가가 오르지 않아 의아해하거나 절망하는 경우가 있습니다. PER도 낮고 배당도 많이 주고 자산도 많이 쌓여 있는데 왜 주가가 오르지 않을까요? 왜냐면 변화가 없기 때문입니다. 저평가된 주식 또한 계기가 필요합니다. 기업의 업황이 달라지는 계기가 있을 때, 스토리가 만들어지고 대중들에게 인정을 받으며 비로소 주가가 상승하게 됩니다.

이렇게 미래 변화를 그리는 '투자 아이디어'가 없으면 저평가된 주식을 사도 돈을 못 벌 수 있습니다. 흔히 말하는 밸류 트랩value trap 에 빠지게 되는 것이죠. 싼 주식이 계속해서 싼 상태에 머물거나, 심지어 업황이 저물면서 주가가 더 빠질 수도 있습니다. 당연히 주가 상승까지는 오랜 시간이 걸립니다. 평생 오지 않는 경우도 있습니다. 투자 아이디어 없이 저평가 주식만 추구하는 초보분들은 이런 밸류 트랩의 희생양이 될 수 있습니다.

⊘ 투자 아이디어란 미래에 회사가 지금보다 좋아질 것이라는 예상을 말한다.
⊘ 대중이 공통적으로 그 예상에 동의할 때 주가가 오른다.
⊘ 핵심 투자 아이디어는 쉽고 임팩트가 있어야 한다.
⊘ 투자 아이디어가 없으면 저평가된 주식도 오르지 않는다.

실패를 극복하는 주식투자

진로발효

사실 주식시장에는 아무 생각 없이 아무거나 매수하는 투기꾼들이 가득합니다. 하지만 초보임에도 좀 더 진중하게 접근하는 분들이 있습니다. 나름대로 연구 분석을 하는, 공부하는 투자자들이죠. 하지만 이런 분들도 특정 상황에서 슬럼프를 겪게 됩니다. 어떤 상황이냐 하면, '내가 이렇게까지 열심히 공부했는데도 수익이 안 난단 말인가?'라고 하는 상황입니다.

공부한 만큼 수익이 나는 게 주식시장이라면, 공부에 도가 튼 의사, 변호사, 교수, 회계사 이런 분들은 모두 주식 부자가 되어 있어야 합니다. 물론 투자에서 공부하는 능력이 필요한 건 사실입니다. 하지만 그게 다는 아닙니다.

특히 숫자를 읽는 공부보다는 맥락을 읽는 공부가 중요합니다. 맥락을 읽는 공부는 상상력을 필요로 합니다. 그리고 뭔가를 공부했다고 끝이 아닙니다. 공부한 내용을 바탕으로 실제로 돈을 '베팅'해 봐야 합니다. 언제, 어떻게, 얼마를 베팅하느냐에 따라 비슷한 지식을 가진 사람들끼리도 전혀 다른 투자결과를 얻게 됩니다.

초보 투자자들 중 투자 대상을 고르기 위해 각종 숫자와 지표를 확인하는 분들이 있습니다. 재무적으로 우량한 기업, 주가가 저평가된 기업을 고르기 위해서입니다. PER, PBR, ROE, 부채비율, 시가배당률 등… 코끼리에게 정장을 맞춰주려는 재단사처럼, 신중을 기하며 갖가지 수치를 비교합니다. 그렇게 해서 숫자적으로 가장 매력적인 기업을 골라 투자를 합니다.

문제는 열심히 고른 기업인데 주가가 오르지 않는 것이죠.

얼마나 많은 사람들이 알고 있느냐를 고려해야 합니다. 숫자로 나온 것들은, 그 숫자에 액세스가 가능한 모든 사람들이 알고 있습니다. 'PER이 이렇게 낮은 기업이 주가가 안 오른다는 게 말이 됩니까?' 네 말이 됩니다. 중요한 건 저평가된 현재가 아니라 고평가될 미래입니다. 미래에 '더 나은' 변화가 찾아오지 않으면 주가는 오르지 않습니다.

더 나은 미래란, 기업이 지금보다 더 많은 돈을 번다는 뜻입니다. '어떻게 더 많은 돈을 벌게 될지.', '얼마나 더 많은 돈을 벌게 될지.'라는 이런 질문에 대한 결과가 선명해지면서 주가도 상승하게 됩니다. 여기서 투자 아이디어가 필요합니다.

재무적으로 훌륭한 기업은 생각보다 매우 많습니다. 하지만 그들이 모두 주가 상승을 보장하지는 않습니다. 좋은 기업이 좋은 상태를 유지하는 것은 주가 상승에는 큰 도움이 안 됩니다. 주가 상승의 가장 중요한 트리거는 '변화'입니다. 안 좋은 기업이 좋아지거나, 좋은 기업이 더 좋아져야 합니다. 그 변화를 상상해 내는 것이 바로 '투자 아이디어'입니다.

　저에게 이런 교훈을 (혹독하게) 가르쳐 준 종목이 바로 '진로발효(018120)'였습니다.

　진로발효는 처음 가치 투자에 대해 배울 무렵 알게 된 종목입니다. 우량한 재무구조를 가진 종목을 찾다가 발견했는데요. 배당수익률, ROE가 우수했고 부채는 적었습니다. 진로발효는 소주의 원료가 되는 주정을 제조해 주류사에 납품합니다. 주정 시장은 소수의 과점화된 제조사들이 '대한주정판매주식회사'라는 단일 채널로 납품하는 구조입니다. 따라서 업황이 안정적인 회사라고 볼 수 있습니다.
　'이런 기업을 사야 가치 투자구나!'라고 생각했습니다. 자본수익률이 뛰어나고 해자가 있는 기업! 워런 버핏이 이야기하는 그런 기업! 자세한 업황 같은 건 공부하지 않았습니다. 재무구조만 확인하고 2015년 5월에 처음으로 매수했습니다.

　운명의 장난일까요. 진로발효는 매수 직후부터 계속해서 상승했고, 한 달도 안 되어 평가이익이 50%를 넘어가게 되었습니다. 저는

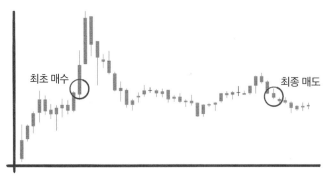

진로발효 2015~2017년 차트

'이래서 가치 투자를 하고 ROE가 높은 기업에 투자하는 것이구나!' 라고 착각했습니다.

　그런데 그 순간부터 주가가 하락하기 시작했습니다. 상승분이 차근차근 깎여 나갔고, 어느덧 매수 당시보다 낮은 가격으로 손실 전환되었습니다. '나는 가치 투자를 했는데, 재무가 우량한 기업을 선택했는데, 왜 이런 일이 일어나는 거지?' 하는 생각이 들었습니다. 그런데 착각도 이런 착각이 없었습니다. 대체 무슨 일이 있었던 걸까요?

　이 당시 진로발효의 주가 상승 배경을 이해할 필요가 있습니다. 사실 제가 최초로 매수한 시점은, 음식료 업종이 주도주로서 마지막 상승을 쏘아 올리던 시기입니다. 2012년부터 2014년까지 음식료 업종의 원재료 가격이 꽤 올랐습니다. 그에 따라 음식료 업체들은 오랜만에 가격을 인상했습니다. 가격 인상이 마무리될 때쯤 원재료는 타이밍 좋게 하락하기 시작했습니다.

　2015년은 음식료 업종 전반의 수익성 개선이 기대되며 대상승이 벌어진 시기입니다. 수많은 음식료 기업들이 역사적 고점을 기록했습니다(당시 고점을 아직도 회복하지 못한 기업이 많습니다). 진로발효 또한 우호적 업황과 음식료 업종의 주도주 테마로 인해 함께 상승했던 것입니다.

다시 생각하면 심히 부끄러운 일입니다. 진로발효에 투자할 당시 저에게 음식료 업종에 대한 이해 같은 건 없었습니다. 사자마자 50%가 오르니 그냥 내가 잘한 것 같고 좋았습니다. 하지만 왜 샀는지 이유도 없고 왜 오르는지 이유도 모르니 제대로 된 대응을 할 수도 없었습니다. 그저 우연의 일치였던 것이죠.

수익 실현을 전혀 하지 못하고 주가는 하염없이 흘러내리며 손실권에 들어섰습니다. 그 후로 무려 2년 넘게 보유하다가, 2018년 초에 본전만 건지고 매도하게 되었습니다. 시간 손실까지 생각하면 치욕스러운 패배였습니다.

여기까지 읽은 분들이라면 그런 질문을 하실 것입니다. "올랐을 때 안 팔고 뭐했나요?" 그러게요, 왜 그랬을까요? 여기서 투자 아이디어의 필요성이 확인됩니다. 진로발효 주식을 사자마자 급등한 상황은 제가 예상한 게 아니었습니다.

업황에 기반한 투자 아이디어가 없으니 언제 사고 언제 팔지에 대한 계획도 없었죠. 샀는데 오르길래 계속 더 오를 줄 알았습니다. 저뿐만 아니라 많은 초보들이 그런 상황이 오면 비슷하게 생각합니다.

물론 아이디어의 유무를 떠나, 단기 수익이 났다면 욕심을 비우고 바로 수익 실현을 했어야겠죠. 그러나 당시 저의 실력이랄까…
아니 실력이 부재한 상황을 고려하건대, 수익 실현을 하고 생긴 현
금으로 다른 주식에 덥석 올라탔을 것입니다. 그리고 아마도 물렸겠
죠. 딱히 나은 결과가 나오진 않았을 것입니다.

　투자 아이디어가 없이 투자 횟수만 늘어나면? 결과는 좋지 않습
니다. 아이디어를 세우고 그 논리에 맞춰 매수·매도를 결정해야, 하
나의 투자가 끝나고 교훈을 얻습니다. 교훈이 누적되어야 실력이 생
깁니다. 성공 사례는 복제하고, 실패 사례는 피해 가며 점점 더 나은
투자자가 되어야 합니다.

　처음부터 거창한 아이디어가 나올 리 없겠죠. 틀릴 수도 있습니
다. 어쩌면 공부하고 투자했는데도 손실이 날 수도 있습니다. 괜찮
습니다. 밸류에이션을 빼먹지 않았고, 급한 추격매수를 피했다면 큰
손실은 나지 않을 것입니다. 그리고 그 사례에서 추가적인 교훈을
얻습니다.

　별로인 아이디어라도 괜찮습니다. 틀릴까 봐 걱정하지 않으셔도
됩니다. 하지만 아이디어는 반드시 만들고 투자해야 합니다.

엑시트 전략이 없다

투자 아이디어를 제대로 설정해야 한다는 이야기를 나누었는데요. 아이디어를 세운다고 다가 아닙니다. 투자 아이디어의 '종료'에 대한 계획도 필요합니다. 소위 말하는 엑시트 플랜Exit Plan입니다.

주식을 매수하기 전부터 언제 매도할지를 계획해야 합니다. 그렇지 않으면 앞서 말한 밸류 트랩에 빠지거나, 하락한 주식에 하염없이 물려 '비자발적 장기 투자'로 빠질 수 있습니다. 큰 수익이 났는데도 팔지 않고 버티다가 주가가 하락해 원점으로 돌아올 때도 있습니다.

반대의 경우도 있죠. 언제 매도할지 계획이 없으면 쓸데없이 빨리 팔아치울 수도 있습니다. 복구할 방법도 없으면서 과도한 손절을 단행해 손실을 확정시키기도 합니다. 평가손이 일정 수준 이상으로 넘어가고 나면, 손절은 큰 의미가 없습니다(이 부분은 나중에 좀 더 이야기해 보겠습니다). 그저 자산 축소에 대못을 박는 것이죠.

언제 매도할지 계획을 세운다? 이것도 말처럼 쉽지는 않습니다. 이 '언제'라는 것을 정확히 정의해야 합니다. 사실 엑시트 전략에서의 '언제'는 정확한 시점이 아닙니다. 매도를 해야 하는 '상황'입니다. 조금은 말장난 같지만 이 미묘한 차이를 인지해야 합니다. 그래야 의미 없는 손절가 설정이나 근거 없는 장기보유를 벗어나 프로답게 투자할 수 있습니다. 프로답게 투자해야 꾸준히 돈을 벌 수 있습니다.

그렇다면 엑시트 계획은 어떻게 세워야 할까요? 앞서 말씀드린 투자 아이디어 세우기에서 결정됩니다. 투자 아이디어가 끝나면 주식의 보유도 끝내야 하는 것이죠.

설비 증설 투자 아이디어를 예시로 들겠습니다. 어느 날 관심 기업에서 설비 증설 공시가 나왔습니다. 증설 완료가 1년 뒤라고 합니다. 1년 뒤부터 매출액과 이익이 늘어날 거라고 가정하는 거죠. 보통 증설된 설비는 제대로 가동되기까지 시간이 필요합니다. 그런 시행착오 기간을 6개월로 가정한다면? 실적에 제대로 반영되는 기간은 지금부터 1년 6개월 뒤가 될 것입니다.

이런 논리를 통해 '적정 보유 기간'을 도출해야 합니다. 물론 실제로 주가가 상승하는 시기는 정확히 1년 6개월 뒤가 아닐 수도 있습니다. 주가의 반응은 사람들의 심리가 반응하는 것이므로 앞뒤로 몇 개월 정도는 변할 수 있습니다.

적정 보유 기간은 탄력적으로 생각하는 게 좋습니다. 투자 아이디어가 맞다는 가정 하에, 실제 주가 상승을 통한 차익 실현은 1년 3

개월 만에 발생할 수도 있고 2년 가까이 기다려야 하는 경우도 있을 것입니다.

어찌 되었든 실제 매도를 하는 기준은 투자 아이디어의 검증 하나에만 집중해야 합니다. '증설된 설비에서 생산성이 향상돼 더 큰 돈을 벌 것이다.' 이게 투자 아이디어라면 이것만을 기준으로 판단해야 합니다. 시간이 지났는데 원하는 만큼 주가 상승이 일어나지 않았다면, 또는 예상치 못한 큰 하락을 맞았다면, 투자 아이디어로 돌아가시기 바랍니다.

'설비 증설이 제대로 진행된 것이 맞는지, 증설된 설비에서 생산이 시작되었는지, 또 가동률은 충분한지, 그리고 더 생산된 제품이 제대로 판매되고 있는지?' 하는 질문들을 통해 최초의 투자 아이디어를 검증하게 되는 것이죠. 주가와는 상관없습니다. 아이디어가 제대로 흘러갔다면 주가는 나중에 오를 수 있습니다. 하지만 아이디어가 있어야 점검 포인트가 발생합니다. 그리고 팔지 말지를 주가 변동과 상관없이 논리적으로 결정할 수 있습니다.

Q1 투자 아이디어가 발현되지 않을 새로운 이유가 생겼는지?

Q2 투자 아이디어가 발현되기까지 시간이 더 필요한지?

Q3 시작부터 잘못된 전제로 투자 아이디어를 세우진 않았는지?

Q4 모든 종목이 하락하는 약세장의 영향을 받았는지?

위 네 가지에 들지 않는 경우는 거의 없습니다. 각 항목에 대한 대응 방법도 간단해집니다.

투자 아이디어 훼손 발생으로 매도

투자 아이디어가 현실화될 때까지 홀딩 또는 추가 매수

투자 아이디어 오류를 인정하고 매도

약세장이 끝날 때까지 홀딩 또는 추가 매수

투자 아이디어와 별개로 손절가만 정하는 것은 좋지 않습니다. 특히 초보 투자자에게는 손절가 설정을 말리고 싶습니다. 특히 -5%, -10% 같은 작은 평가손을 기준으로 자주 손절하는 것은 돈을 벌기에 적합한 방식이 아닙니다.

트레이딩 고수분들이 손절가를 지키는 이유는 즉시 다른 투자대 상으로 옮겨 손실액을 만회하고 더 많은 수익을 올리기 위함인데 요. '즉시 다른 투자대상으로 옮겨라.'고 하는 부분을 주목하시기 바랍니다.

초보들은 수시로 수익을 낼 만큼 종목들을 많이 알고 있지도 않을 뿐더러, 손실분 이상의 수익을 낼 종목을 빠르게 찾을 실력은 더더욱 없습니다. 게다가 위아래로 10% 정도의 변동성은 투자 아이디어와는 상관없이 수시로 일어날 수 있습니다. 단기적인 평가액 변동은 투자 실력보다는 운에 더 큰 영향을 받습니다.

반대의 경우도 있긴 합니다. 간혹 가다가 운 좋게 투자 아이디어가 검증되기 전에 급등을 만날 때도 있죠. 테마를 탈 때도 있고, 강세장이 올 수도 있고, 업황이 갑자기 바뀔 수도 있습니다. 내 아이디어가 맞은 건 아닌데 주가는 오르는 경우입니다. 이럴 때 고민이 됩니다. 수익을 보고 팔아야 하나? 아니면 투자 아이디어가 발현될 때까지 버텨야 하나?

　개인적인 생각으로는 단기에 (운으로) 수익이 나는 경우는 파는 게 낫습니다. 단기적인 급등은 재차 하락을 맞이할 수도 있죠. 혹시나 안 팔고 정석대로 하겠다고 기다렸다가 투자 아이디어가 틀리게 되면 큰 자책을 하게 됩니다. 이러나저러나 수익이 난다면 챙기는 게 후회가 적을 것 같습니다.

　이런 고민도 있습니다. 만약 70%의 중장기 수익을 기대했는데 15%의 단기 수익이 발생했다면? 당연히 딜레마가 생깁니다. 팔자니 미래가 아깝고, 안 팔자니 지금 수익이 아까운 것이죠.

　이런 단기 수익에 대해서는 팔지 말지를 결정하는 기준이 있으면 좋습니다. 바로 연평균 목표 수익률과 비교하는 것입니다. 만약 내가 목표로 하는 연평균 수익률이 15%라면? 그런데 매수한 종목이 1년이 안 되어 15% 이상의 수익이 났다면? 일단은 승리한 게임입니다. 그러므로 추가적인 상승은 아쉬울 게 없고, 만에 하나 있는 하락 되돌림을 피하기 위해 매도를 해도 됩니다. 다 팔기 아까우면 일부만 수익을 실현해도 되겠죠.

　마지막으로 꼭 알아야 할 중요한 진실이 있습니다. 내 투자 아이디어가 맞아떨어졌다고 하더라도 구체적인 수익의 크기는 정할 수 없습니다. 어느 정도는 운이 작용하는 부분입니다. 아이디어가 발현된 시점이 되었을 때, 주가에 미치는 추가적인 영향이 정말 많습니다. 군중들의 투자 심리, 장세, 주도주의 성격, 타 산업의 업황 변화 등등…

　업사이드를 50% 정도 계산하고 투자한 종목이라고 하더라도 최종적으로 얻을 수익률이 정확히 50%일 수는 없습니다. +24%가 될 수도 있고, +153%가 될 수도 있습니다. (정말 운이 없는 경우는) 투자 아이디어가 맞았는데 손실을 볼 수도 있습니다. 물론 희박한 일이긴 합니다.

이러나저러나 수익률을 극대화하고, 손실율을 최소화하기 위해 명심해야 할 게 있습니다. '싸게 살수록 유리하다.'는 것이죠. 투자 아이디어를 세우고 매도 가격을 정하는 단계에서 '하방'에 대한 고민도 함께하는 것입니다. 만에 하나 아이디어가 잘못되었을 때 손실의 크기도 커질 수 있다면, 사기 전부터 신중해야죠. 주식시장은 그렇게 호락호락하지 않습니다. 어지간하면 안 생길 거라고 생각했던 나쁜 일도 종종 일어나거든요.

상당히 많은 투자자분들이 매수 이상으로 매도에 어려움을 겪습니다. 손실이 나면 당연히 고민이고, 수익이 나도 팔지 말지 감을 못 잡기도 합니다. 그래서 엑시트 전략이 있어야 하는 것이죠. 이는 전략적인 부분이기도 하지만, 어떻게 보면 감성적인 부분이기도 합니다.

제일 중요한 건 '후회하지 않을 계획'을 세우는 것입니다.

CHECK POINT

⊘ 매수하기 전부터 매도 계획을 세워야 한다.
⊘ 매도는 시기가 아니라 상황으로 판단한다.
⊘ 초보 투자자에게 잦은 손절은 도움이 안 된다.
⊘ 운으로 얻은 단기 수익은 실현하는 게 낫다.
⊘ 최고의 엑시트 플랜은 '미리 싸게 사두는 것'이다.

실패를 극복하는 주식투자

케이스 스터디를 찾기 위해 과거 투자 기록들을 꺼내 보게 되었는데요. 정말 이불킥의 대향연입니다. 쥐구멍에라도 숨고 싶은 부끄러운 투자 사례가 너무 많습니다. 하지만 별수 있나요? 모두가 그렇게 성장하는 것이죠.

주식투자에서 평가손으로 물리는 경험을 피할 순 없습니다. 하지만 물리고도 어떻게 해야 할지 모른 채 시간만 흐른다면 훨씬 더 힘들어집니다. 손실폭이 크지 않더라도 언제, 어떻게 팔아야 할지 계획이 있어야 합니다. 투자 아이디어와는 다른 계획이죠. 주식을 매도하기 위한 계획, 바로 엑시트 전략이죠.

제 경우는 -30% 이상 크게 물린 종목은 많지 않습니다. 하지만 애매하게 물려서 몇 년을 괴롭힌 종목들이 종종 있었습니다. 이번에 고백할 투자 실패 종목도 그러한 사례입니다. -10% 전후에서 2년 이상을 왔다갔다한 종목이 하나 있습니다. 바로 피에스텍(002230)이라는 회사입니다.

피에스텍 2016~2018년 차트

피에스텍은 전력 계측, 검침기를 제조 판매하는 회사입니다. 최초 매수는 2016년 3월경이었습니다. 투자 아이디어는 '주택착공 급증에 따른 시간차 매출 수혜'로 잡았습니다.

2015년 중반부터 전국 주택착공 실적이 급증한 시기가 있었는데요. 공사가 완료되는 시점에 매출이 좋아질 건자재 기업들이 몇 군데 있었습니다. 가령 아파트를 짓는다고 하면 2~3년 정도 시간이 걸리겠죠? 그러면 완공이 될 무렵에 납품되어야 하는 제품들이 있습니다. 인테리어에 필요한 창문이나 벽지, 주방 후드, 화장실 변기와 세면기 등등… 전력 검침기도 비슷한 제품이죠.

피에스텍과 관련된 자료를 찾아보니 주택 공사 진행의 80% 시점에 매출이 발생한다는 것을 확인했습니다. 2017년부터는 실적이 개선될 것으로 판단했습니다. 거기에 더해 피에스텍은 막대한 양의 현금성 자산이 있었습니다. 현금성 자산과 단기금융상품의 합이 900억을 넘었는데요. 당시 시총은 1,000억이 조금 넘는 수준이었습니다. '너무 싸다. 이건 사야겠다.'라는 마음으로 호기롭게 들어갔죠.

실제로 2017년 이후부터 실적이 개선되기 시작했습니다. 문제는 주가 상승이 성에 차지 않았다는 점입니다. 지금 생각해 보면 뭐에 씐 것 같았습니다. 아이디어가 적당히 맞아떨어졌고, 거기에 맞춰 주가도 상승하기 시작했는데 뭔가 아쉬웠습니다. '시총이 이렇게 작은 기업인데 좀 더 신나게 올라 줘야 하는 것 아니야?' 하는 마음이었습니다.

오래 지나지 않아 옹졸한 마음에 대한 대가를 치르게 되었습니다. 4개월가량의 주가 상승이 끝날 무렵, 대주주의 지분 매도 공시가 나왔습니다. 그 이후부터 주가는 신속하게 하락해 다시 원래 샀던 가격 아래로 내려왔습니다.

거기에 더해 오버행 이슈(전환사채 등 주주 지분 희석의 우려가 있는 대기 물량 때문에 주가가 오르지 않는 현상)가 나왔습니다. 갈수록 놓친 손실이 아른거리고 괴로운 시간이 이어졌습니다. 결국 팔 타이밍을 놓치고 반년이나 더 기다린 후에 소소한 수익권으로 빠져나올 수 있었습니다.

손실을 보지 않은 것은 다행이지만, 2년이나 기다릴 가치가 있는 수익은 아니었습니다. 2년이면 군대를 한 번 다녀오고도 남는 시간인데 말이죠. 그보다도 최초의 투자 아이디어가 맞았음에도, 투자 자체가 실패했다는 것에 아쉬움이 크게 남았습니다.

욕심은 주식투자의 큰 적입니다. 보통은 욕심 때문에 너무 급하게 들어가서 문제가 됩니다. 하지만 욕심 때문에 너무 늦게 파는 경우도 있습니다. 투자 아이디어는 맞을 수도 틀릴 수도 있습니다. 하지만 결과를 확인하는 시점이 왔을 때, 결과에 빠르게 승복하는 자세도 필요합니다. 그를 위해선 나 자신과의 승부가 끝나는 지점을 만들어 둬야 합니다.

엑시트 전략을 명확히 세워야 합니다. 어떤 상황에서 매도할지 시나리오를 그려 놓고, 거기에 맞춰 행동해야 합니다. 엑시트 전략이 없으면 투자 아이디어가 성공하기 전에 팔아버릴 수도 있습니다. 또는 투자 아이디어가 실패했는데도 팔지 않고 버티며 시간 손실을 늘릴 수도 있습니다. 어떤 쪽이든 패배의 뒷맛은 씁쓸합니다.

대가를 치르지 않는
욕심의 결과

밸류에이션, 투자 아이디어 설정, 엑시트 전략 수립… 그냥 단어만 들어도 뭔가 그럴듯하지 않나요? 전문적이고 합리적인 행동으로 들리지 않나요? 평범한 사람이라도 전문가처럼 투자할 수 있습니다. 사실 주식투자에서 얻는 수익은, 광기가 지배하는 시장에서 합리성을 잃지 않은 대가로 얻는 것입니다.

꼭 투자가 아니라도 실감할 수 있습니다. 세상은 항상 미쳐 돌아가고 있습니다. 뭔가를 뛰어나게 잘하는 것보다 이상하게 행동하지 않는 게 더 어렵습니다. 이성적으로 행동하다 보면, 스스로가 조금 초라하게 느껴질 때도 있을 것입니다. 하지만 정신을 차려야 합니다. 상식에 맞게, 논리적으로, 합리적으로 행동하려고 노력해야 성공할 수 있습니다.

다시 밸류에이션, 투자 아이디어, 엑시트 전략으로 돌아와 보겠습니다. 이런 개념들은 주식투자를 조금만 공부해 본 분들은 누구나 알 수 있습니다. 이미 모두에게 오픈된 정보입니다. 특별한 비결이 아니고 당연히 알아야 하는 상식입니다(실제로는 꽤 많은 분들이 이런 상식을 알기 전부터 투자에 뛰어들죠). 이런 개념들은 주식시장에서 합리적으로 행동하기 위한 기초적인 가이드라고 보시면 됩니다.

하지만 함정이 있습니다. 이런 가이드를 뻔히 아는 경험자들도 손실을 크게 내는 경우가 있습니다. 밸류에이션이 뭔지도 알고, 투자 아이디어도 세울 줄 알고, 엑시트 전략도 세울 줄 아는데… 결국에는 돈을 잃는 분들도 의외로 많습니다. 그건 왜일까요?

머리로만 알고 행동에 옮기지 않아서겠죠.

너무 기분 나빠 하지 마세요. 무슨 추궁을 하겠다는 게 아닙니다(추궁처럼 들리긴 하지만요). 지식과 행동을 일치시키기가 어렵다는 뜻입니다. 다들 배울 만큼 배웠음에도 불구하고 '해야 하는 행동'을 하지 못하는 게 주식판의 현실입니다.

논리에 따라서 합리적으로 행동하면 충분히 수익이 납니다. 지금의 주가보다 미래의 주가가 더 높아져 있을 근거를 찾고, 밤낮으로 열심히 일하는 기업의 임직원들을 믿고, 비싸지 않게 사고, 수익이 날 때까지 인내심을 가지고 버티는 그런 행동을 5년이고 10년이고 이어 간다면… 그렇게 하는데도 손실이 날까요?

하지만 대부분의 투자자들은 합리적으로 행동하지 못하고 돈을 잃습니다. 이런 행동은 IQ나 지식 수준의 문제가 아닙니다. 주식으로 돈을 잃은 의사나 경제학자의 이야기가 왜 나올까요? 반면 초등학교밖에 나오지 않은 슈퍼개미 이야기도 있죠. 대체 뭐가 달랐을까요?

모든 것은 '욕심을 제어하는 능력'에 달려 있습니다.

'너무 뻔하다고요?', '그걸 누가 모르냐고요?' 알죠, 저도 압니다. 그런데 가슴에 손을 얹고 진지하게 생각해 보자는 것이죠. 물그릇에 생수 하나 떠 놓고 가부좌 틀고 앉아서 깊게 생각해 보자는 거죠. 욕심을 부리면 안 된다는 걸 전 세계의 남녀노소 누구나 알고 있는데 말입니다….

왜, 욕심을 다스리지 못하는 것일까요?

이제 욕심에 대해 진지하게 한 번 뜯어 보겠습니다. 욕심이란? '분수에 넘치게 무엇을 탐내는 마음'이라고 합니다. 그런데 이것은 당연한 것 아닌가요? 우리가 투자를 하는 이유도 결국은 그거죠. 지금의 분수보다 더 넘치는 삶을 살고 싶어서입니다. 적당한 욕심은 성취의 원동력입니다. 하지만 투자에 손실을 주는 욕심도 있습니다. '과도한' 욕심이죠. 이 과도함의 본질은 무엇일까요?

무언가를 원하는 마음은 당연합니다. 적당한 욕심은 우리를 더 열심히 살게 해 주기도 합니다. 하지만 원하는 것을 획득하기 위한 순서와 과정과 인내를 건너뛰려는 순간 욕심은 파멸의 레시피가 됩니다.

대가를 치르지 않는 욕심은 파국이다.

대가란 어떤 것일까요? 투자 아이디어를 수집하고, 기업을 분석하고, 히스토리를 연구하고, 업황을 전망하고, 무엇보다도 지금 살 만한 주가인지 가치 대비 가격을 평가하는 '주식을 망치지 않기 위한' 사전 작업이 투자의 프로세스이자 투자자가 치러야 할 대가입니다.

문제는 프로세스를 아는 사람도 무시한다는 것입니다. 어느 순간 욕심 때문에 필요한 절차를 다 무시하고 뇌동매매를 합니다. 나는 아니라고요? 그럴 리가요. 이건 어느 누구도 피해갈 수 없는 본성입니다. 누구나 한 번 이상 하는 실수입니다.

오늘 처음 알게 된 종목 정보에 혹해서 순간적으로 매수 버튼을 누른 경험이 꼭 있지 않나요? 정신 차려 보니 싸한 기분이 들어 바로 팔아 치우기도 합니다. 아무 의미도 없는 거래수수료만 헌납한 것이죠. 이 정도는 양반입니다. 충동적으로 매수한 종목이 내가 사자마자 급락해서 하루도 안 되어 손해를 보고 파는 경우도 있죠. 괜히 고집이 생겨 더 버티면? 손실률이 급격히 커지며 큰 타격을 입고 눈물의 손절을 하는 경우도 있습니다.

대가보다 욕심이 앞선 행동을 조심하세요. 행동하는 순간 손실의 악령이 우리 계좌의 문을 두드립니다. 그러면 어떻게 해야 조심할 수 있을까요? 매수 버튼을 누르기 전에 스스로에게 물어보아야 합니다. 지금 매수 버튼을 누르는 것은 욕심의 결과인가, 분석의 결과인가?

불필요한 욕심만 제거해도, 무수히 많은 덫을 피해갈 수 있습니

실패를 극복하는 주식투자

다. 시간이 지나면 재산은 자연스럽게 불어납니다. 기업의 임직원이 24시간 우리 대신 돈을 벌어주고 있습니다. 우리가 비싸게 사지만 않으면 되죠. 욕심에 눈이 멀어 잘못된 가격에 매수하지만 않으면 됩니다.

충동적인 매매를 하지 않기 위한 좋은 방법이 없을까요? 미국의 외과 의사이자 교수, 작가인 아툴 가완디Atul Gawande의 일화를 소개합니다. 의료사고를 줄이기 위해 병원 시스템을 어떻게 개선하면 좋을지를 고민하던 가완디는 '체크리스트check list'의 중요성을 발견하게 됩니다.

그는 연구 끝에 수술실에서 실행 가능한 체크리스트를 만들어 8개 병원에 배포했습니다. 체크리스트를 채택한 병원들은 놀라운 결과를 마주합니다. 합병증 비율이 36% 감소하고, 환자 사망률은 47%나 감소했다고 합니다. 똑같은 의료진이 체크리스트를 활용하기만 했는데도 즉각적인 개선이 나타난 것입니다.

투자자들에게도 체크리스트는 매우 중요합니다. 수익의 극대화를 위해서가 아니라 손실의 최소화를 위해서입니다. 의료진이 의료사고를 줄이기 위해 체크리스트를 활용하는 것과 같은 맥락이죠.

신기하게도, 투자를 할 때 손실을 줄이면 저절로 수익률이 올라갑니다. 손실을 초래하는 빌런은 기업이 아니라 투자자 자신의 실수입니다. 간단한 체크리스트만 만들어 놓고, 매수 버튼을 누르기 전에 한 번만 곁눈질로 읽어 보시면 어떨까요? 저희가 짚어 온 손실의 원인들로 가볍게 체크리스트를 만들어 보겠습니다.

큰 손실을 막는 매수 전 체크리스트 5

1. 이 종목은 단기간에 주가 상승이 과하게 발생한 것은 아닌가?

2. 나는 이 종목의 밸류에이션을 해 보았는가?

3. 핵심 투자 아이디어를 작성했는가?

4. 어떤 상황에 매도할지, 엑시트 전략을 세웠는가?

5. 지금 나는 과도한 욕심을 부리고 있지는 않은가?

간단한 질문만으로도 수없이 많은 손실을 예방할 수 있습니다.

⊘ 수익의 비결은 합리적으로 행동하는 것이다.
⊘ 기본기를 알아도 행동에 옮기지 않으면 손실을 본다.
⊘ 투자 손실은 욕심을 제어하지 못했기 때문!
⊘ 충동적인 매매를 줄이기 위해서는 체크리스트를 활용하자.

실패를 극복하는 주식투자

누구나 하나쯤 걸릴 대표적인 물린 주식들

얼마 전, 소셜미디어에서 이슈가 된 빵이 있었습니다. '내 주식처럼 사르르 녹는 버터샌드' 뭐 그런 이름이었던 걸로 기억합니다. 우리나라 국민들의 멘탈은 강합니다. 해학으로 고통을 승화하는 데에는 도가 튼 민족입니다.

그렇다고 하더라도, 저는 감히 일갈합니다. 나의 무지로 인한 손실에, 해학을 입혀 얼버무리지 마세요. 유머는 강력한 무기입니다. 그래서 모두 유머를 좋아합니다. 하지만 주식은 진지한 무언가입니다. 진지하게 대하지 않으면 평생 웃음거리가 됩니다. 내가 내 자신을 놀려먹는 것이죠.

이번에는, 어쩌면 뜨끔하실 수 있는… 최근 몇 년 사이에 발생한 '온 국민이 물린 주식들'의 사례를 몇 가지 얘기해 볼까 합니다. 굳이 상처를 들춰내어 소금까지 뿌리고 싶진 않지만, 해야 합니다. 이런 케이스들을 인지하고 있어야 다음에는 비슷한 함정에 빠지지 않을 수 있습니다.

소셜미디어 상에서 주식을 망친 많은 투자자들이 언급하는 종목, 제가 강의를 통해 만난 투자자분들이 종종 푸념하는 종목들 중에서 가져왔습니다. 많은 사람들이 비슷하게 물려 있는 종목들이 있었습니다. 무슨 말일까요? 많은 사람들이 비슷한 시점에 같은 실수를 했다는 뜻입니다.

제가 이 글을 쓰고 있는 시점은 2022년 8월입니다. 따라서 아래 사례들은 현재 예상 손실률에 기반했습니다. 노파심에 미리 말씀드리자면, 아래의 개별 종목들은 직접적으로 잘못이 없습니다. 아래 종목들을 산 분들이 모두 잘못한 것도 아닙니다. 하지만 이런 종목들을 '특정 시점'에 매수하였고, 지금 수익률이 -30~40% 이하인 분들이라면 반드시 확인하고 가시는 게 좋습니다.

삼성전자(2021년 초 매수)

국민 주식에서 국민 무덤으로… 삼성전자가 우리를 이렇게 배신할 줄 어떻게 알았을까요? 삼성전자는 2021년 1월 초 역사적인 고점을 찍은 후 1년 반 이상을 줄기차게 하락 중입니다. 그 사이 삼성전자를 매수한 개미들의 수도 어마어마할 것입니다.

삼성전자에 물린 분들은 공통점이 있습니다. 삼성전자를 매수한 시점이 태어나서 처음 주식을 산 시점이라는 것입니다. 2021년 초는 코로나 이후 주식시장의 V자 반등이 절정에 달하던 시점입니다.

주변에서 주식으로 돈을 벌었다는 이야기가 계속 들리고, 나도 이제 주식을 시작해 봐야겠다는 결심이 선 시점이죠. 그런데 아는 종목은 없고, 그나마 '삼성전자 주식을 사면 망하기야 하겠어.'라고 안심에 들어간 분들입니다.

사실 삼성전자의 역사적인 밸류에이션을 보면, 2021년 초는 고점에 다다른 상태였습니다. 삼성전자의 주가는 반도체 사이클의 흥망에 맞추어, PBR 1에서 2 근방을 오르내려 왔습니다. PBR 1 근방에서는 안 좋은 이야기만 들립니다. 그러다가 반도체 업황이 돌면서 다시 상승을 시작하고, PBR 2가 넘어가면 좋은 이야기만 들립니다. 절대로 주가가 내려가지 않을 것 같은 분위기에 취합니다. 당시 삼성전자의 주가 상승과 관련해 가장 많이 들리던 단어가 있습니다. 바로 '반도체 슈퍼 사이클'입니다. 삼성전자에서 30% 이상 손실이 난 분들은 대부분 이때 주식을 매수했을 것입니다.

그나마, 삼성전자에 물린 분들은 엉덩이 싸움으로 극복할 수 있다고 봅니다. 앞서 말했듯이 삼성전자의 주가는 반도체 사이클의 영향을 많이 받습니다. 게다가 반도체는 수요가 끊이지 않는 점진적 성장을 보여주는 재화입니다. 배당도 받고, 물타기도 하며 기다리다 보면 수익을 내고 나올 수 있다고 생각합니다.

제약 바이오(2017~2021년 사이 특정 기업을 매수)

일단 물린 상태에서, 대응 방법이 가장 까다로운 주식 중 하나가 제약 바이오 업종입니다. 사실 제약 바이오 관련주에 투자해서 슈퍼개미가 된 사람들도 꽤 있습니다. 그만큼 높은 성장을 보여줬고, 좋은 시절도 있었습니다.

제약 바이오 주식들의 특징은 일반 주식투자와 달리 벤처투자의 성격을 가지고 있다는 점입니다. 벤처투자라 함은, 높은 기술력과 밝은 미래를 믿고 재무적 리스크가 있는 기업을 사는 투자를 말합니다. 하이 리스크 하이 리턴high risk high return입니다. 잘 되면 큰돈을 벌 수도 있고, 잘못되면 큰 손실을 볼 수도 있습니다.

제약 바이오 주식들은 개별 기업에 따라 흥망이 나뉠 수 있습니다. 각자가 개발하고 있는 신약의 임상 통과 및 시장 진입 여부가 매우 중요합니다. 성공할 경우 큰돈을 벌 수 있고, 주주들에게도 그에 맞는 보상이 돌아갈 것입니다. 하지만 임상에 실패할 경우 통과를 가정해 만들어진 주가는 급격하게 쪼그라들 수 있습니다. 따라서 임상 파이프라인을 체크하고 기술적인 부분과 성공 여부를 정확히 판단해야 합니다.

문제는 제약 바이오 주식들에서 큰 손실을 보는 개미 투자자들 대부분이 의약 관련한 배경지식이 없는 분들이라는 점입니다. 개중에는 깊은 리서치를 하고 전문가 이상의 이해도를 바탕으로 투자하는 개미들도 있습니다. 하지만 그렇지 못한 분들의 경우 끝까지 버텨서 큰 수익을 내고 나오지 못할 가능성이 높습니다. 이해를 못 하니 위로든 아래로든 주가 변동을 버틸 수가 없는 것이죠.

실패를 극복하는 주식투자

코인, NFT 관련주 (2021년 말 매수)

2021년이 끝나갈 무렵, 주식시장은 암울한 그림자가 드리우고 있었습니다. 강세장은 갈 만큼 갔고, 이제 더 갈 만한 이유가 희박한 시기였습니다. 주가 상승의 가장 강력한 촉매는 실적의 성장입니다. 하지만 실적의 성장이 현실로 보이지 않으니 사람들은 성장 스토리를 상상해 만들기 시작했습니다.

특히 코로나 사태로 인해 세계가 풀어 놓은 유동성 자금이 초조해지기 시작한 시기입니다. 이미 모든 섹터가 돌아가며 큰 상승이 완료된 상황이니, 쉽게 말해 '해 먹을 곳'이 보이지 않게 되었습니다. 이럴 때는 항상 검증되지 않은 미래에 관한 스토리가 테마성 상승을 보이게 됩니다.

NFT 관련주들이 엄청난 상승을 보인 것도 이 무렵입니다. NFT로 인해 복제 가능한 디지털 자산이 희소성은 물론 크게 상승할 가능성이 있다는 시나리오가 인기를 끌었습니다. P2E_{Play to Earn}라는 새로운 모델의 가능성으로 게임회사들이 몇 배씩 상승하기도 했습니다. 회사에서 관련된 단어를 언급하기만 해도 주가가 급등했습니다.

하지만 미친 듯한 상승이 끝나자, 주가는 상승이 시작되기 전으로 빠르게 돌아갔습니다. 하락세가 커지자 시작되기 전보다 훨씬 낮은 가격까지 곤두박질치게 되었습니다. NFT 테마가 절정에 달할 무렵 관련 주식들을 매수한 분들은 큰 손실의 고통을 겪게 되었습니다.

개인적으로는 빠른 복구가 어려운 투자라고 생각합니다. 특히 손실률이 40~50%가 넘어갔다면 고점 부근에서 사셨을 가능성이 높습니다. 문제는 신기술 트렌드가 실적으로 이어지기까지 시간이 매우 오래 걸린다는 점입니다. 또는 신약의 임상이 실패하듯이 영원히 실적으로 이어지지 못할 수도 있습니다. 그 경우 5년, 10년이 지나도 샀던 가격을 만나지 못하는 경우도 있습니다.

미래 기술 트렌드에 따른 테마성 상승은 이래저래 손대지 않는 게 낫습니다. 새로운 미래에 대한 예측 자체는 잘못한 게 아닙니다. 인간은 항상 불가능할 것 같은 새로운 미래를 상상하며 문명을 발전시켜 왔습니다. 하지만 그 어떤 미래도 한두 달 사이에 다가오지는 않았습니다. 새로운 기술은 시장성이 생기기까지 오랜 시간이 걸리고, 트렌드는 상상에서 현실로 제련되는 과정을 거칩니다.

그 사이에 주가만 오르는 사례는 너무나도 많습니다. 맹렬히 올랐다가 맹렬히 꺼집니다. 저점에서 매수해 큰 테마의 수혜를 입고 몇 배의 수익을 거둔 투자자들도 있습니다. 하지만 그들은 (어쩌면 속으로 비웃으면서) 말도 안 되게 비싼 가격에 순진하게 매수 버튼을 누르는 사람들에게 기꺼이 주식을 떠넘깁니다. 신규 매수자가 겪을지도 모르는 큰 손실에 대한 걱정은 절대로 해 주지 않습니다.

관련 테마, 관련 기술이나 앞으로 펼쳐질 미래는 저도 잘 모릅니다. 잘 될지 안 될지 의구심이 들지만 제가 틀렸을 수도 있습니다. 하지만 확신할 수 있는 것은, 실체가 검증되기 전에 급등한 테마를 따라 사는 초보 투자자들의 미래입니다. 그런 식으로 투자하는 분들 중 결과가 좋았던 분들은 거의 없었습니다.

네이버·카카오 (2021년 매수)

네이버와 카카오는 삼성전자에 이어 떠오른 새로운 국민 주식이 었습니다. 그도 그럴 것이, 삼성전자를 제외하고 현재 가장 뛰어난 IT 인재들이 모여 있는 대기업이니까요. 사실, 그런 조건보다 전 국민이 '네카오'를 산 이유는 따로 있습니다. 그냥 주가가 빠르게 잘 올랐기 때문입니다.

트렌드에 따라 사람들은 점점 더 오랜 시간을 온라인에서 보냈습니다. 자연스럽게 네이버와 카카오의 사업 모델들이 더 긴 시간 동안 국민들에게 노출되었습니다. 코로나로 오프라인이 초토화된 세상이 되니 그 현상이 가속화되었죠. 신사업들도 덩달아 잘 풀리기 시작했습니다. 주가는 그에 화답하듯 2~3년을 쉬지 않고 상승했습니다.

2021년이 마무리되고 팬데믹 유동성의 청구서, 인플레이션 이슈가 고개를 들기 시작했습니다. 금리가 인상되는 구간에서는 멀티플이 높은 성장주들이 조정을 받곤 하는데요. 네이버와 카카오도 실적 상승이 주춤하자마자 깊은 하락으로 전환하게 되었습니다.

몇 년 전에 네이버나 카카오를 매수한 사람들은 깊은 분석을 하지 않았더라도 큰 수익을 낼 수 있었습니다. 웬만큼 조정을 받았더라도 수익이 줄어든 정도일 것입니다. 하지만 문제는 2021년에 들어서야 두 종목을 사기 시작한 사람들입니다. 네이버와 카카오는 생활에 밀접하니까 익숙해 보이는 기업들이죠. 그런데 마침 주가도 잘 오른다고 하니 전혀 고민하지 않고 따라 삽니다. 그렇게 고점 부근에서 물린 분들이 상당히 많습니다.

불행 중 다행이라고 할까요? 네이버와 카카오는 정성적 측면에서 보면 어쨌든 훌륭한 기업입니다. 뛰어난 인재들이 모여 있고, 국내 IT 서비스를 양분하고 있으며, 해외 진출도 지속적으로 도전하고 있습니다. 충분한 시간을 주면, 주식이 아니라 기업에 투자한다는 마음으로 버티면 승산이 있지 않을까요? 하지만 손실률이 커져 있는 분들이라면 꼭 기억하셔야 합니다. 좋은 기업이 항상 좋은 주식은 아닙니다.

미국 빅테크 관련주(2021년 매수)

네이버·카카오에 투자한 분들과 성향이 비슷하지만, 좀 더 공격적인 투자를 한 젊은 층의 경우 미국 빅테크 기업들에 물린 분들도 꽤 있습니다. 이 글을 쓰는 시점에서, 큰 하락을 끝내고 일부 회복되는 기업들도 있습니다. 다만 실적에 따라 주가의 편차가 매우 큰 상태입니다. 일부 기업은 거의 전고점까지 회복한 반면, 상당수 기업들은 반토막 상태에서 신음하고 있습니다.

마찬가지입니다. 위대한 기업이 위대한 주식은 아닐 수도 있습니다. 아무리 큰 성장이라도 그보다 큰 가격을 치르면 손실을 볼 수밖에 없습니다. 특히 미국 시장에 상장된 기업들은 상하한가 제한이 없습니다. 성장에 의구심이 들면 하루 만에도 수십 프로씩 하락이 발생할 수 있습니다.

미국 주식에 투자하는 것 자체는 문제가 없습니다. 다만 서학개

미라고 부르는 투자자들 중 상당수가 제대로 기업 분석을 하지 않고 이름만 익숙한 주식들을 추격매수합니다. 미국 주식이라고 근거 없이 믿으면 안 됩니다. 사업 보고서도 읽어 보고 재무 분석도 하고 업황도 공부해야 합니다. 그리고 그 모든 것을 영어로 해야 합니다. 환율을 고려하면서 말이죠.

현재 각종 미국 주식에서 -30% 이상의 손실을 겪고 있는 분들이라면, 오래 걸리더라도 기업 분석을 처음부터 하시길 권합니다. 바다 건너 우리 귀에까지 들리는 정도의 종목이라면 어찌 되었든 경쟁력 있는 훌륭한 기업일 것입니다. 다만 미국 주식들의 급락 이후, 회복의 수준은 기업별로 극명하게 나뉘고 있죠. 깊은 분석으로 보유한 종목에 대한 확신이 든 분들만 수익을 얻고 나올 수 있을 것입니다.

각종 신규 상장주들(2020~2022년 사이 상장)

따상! 따상상! 코로나 이후 V자 반등의 수혜는 투자자들에게만 돌아간 게 아닙니다. 수많은 종목들이 적지 않은 시총으로 상장 시장에 입성했죠. 상장 직후 벌어지는 머니게임을 보면 어질어질할 정도입니다.

그냥 쉽게 설명드리겠습니다. 신규 상장하는 종목들은 웬만하면 매수하지 마세요. 앞으로도 쭉 하지 마세요. 굳이 이렇게 세게 말씀드리는 이유가 있습니다. 확률적으로 신규 상장 종목의 주가 흐름이 좋았던 경우가 드물기 때문입니다. 신규 상장 후 2~3년 동안 해당 종목의 주가가 빠지거나 지지부진한 경우를 너무 많이 보았습니다. 아닌 기업도 있지만 극소수입니다. 상장 시장의 생리를 알면 쉽게 이해할 수 있습니다.

상장, 기업공개라는 것은 무엇을 뜻할까요? 비상장 시절 소수의 투자자들만 보유하던 기업의 주식을 모든 사람이 거래할 수 있도록 오픈한다는 의미입니다. 상장 초기에 유입되는 자금은 기업의 운영 자금에 쓰이기도 하지만, 더 일찍 진입한 벤처자금이나 창업 멤버 등 초기 투자자들이 투자를 엑시트 하는 용도로 쓰이기도 합니다.

이제 초기 진입자와 기업의 입장에서, 순수하게 이기적인 관점에서 생각해 보겠습니다. 우리가 만약 얼굴도 모르는 불특정 다수에게 주식을 팔 기회가 생긴다면, 최대한 비싼 가격에 팔고 싶지 않을까요? 먼저 투자한 사람은 큰돈을 벌고, 기업 입장에서도 총알을 많이 쟁여 놔야 사업을 하기도 쉬워지겠죠. 그래서 상장 당시의 기업 가치, 즉 공모가는 내부자 입장에서 최대한 부풀려 상장되는 경향이 있습니다.

심지어 그런 부분을 고려한 제도도 있습니다. 바로 '보호예수기간'이죠. 내부자가 고가에 섣불리 주식을 떠넘기지 못하도록 의무 보유 기간을 지정합니다. 보호예수가 해제되면 내부자들이 주식을 팔고 나가는 기업도 종종 있습니다.

코로나 직후 2년간 신규 상장 기업이 크게 쏟아진 것은 우연이 아닙니다. 유례없는 유동성 강세장에서 돈이 춤출 때, 사람들이 더 관용적으로 주식을 떠맡아 줄 때 최대한 상장시켜서 유동 자금을 끌어들이려는 것이죠. 불법이 아닙니다. 하지만 소액 주주를 배려할 생각은 거의 없을 것입니다.

실패를 극복하는 주식투자

강세장의 공공연한 고점 징후 중 하나가 신규 상장 건수의 급증입니다. 그렇게 새로 유입된 종목들은 증시 자금의 집중도를 분산시킬 수도 있습니다. 시간이 지날수록 주식을 사줄 돈들이 모자라게 됩니다. 그래서 신규 상장 기업이 쏟아지고 1년 후, 보호예수가 본격적으로 풀릴 때의 매도세로 인해 증시 전반이 하락하는 현상도 볼 수 있습니다.

'따상'처럼 상장 직후 주가가 급등하는 현상은 강세장일 때만 보입니다. 공모 시장이 얼어붙거나, 투자자들이 조심하게 되면 잠깐의 재미는 사라집니다. 특히 이런 생리를 잘 이해하지 못하는 초보 투자자들이 상장 초기에 유명해진 주식을 생각 없이 매수한다면… 그 결과는 대부분 좋지 않습니다.

일단 이런 신규 상장 주식에 물렸다면? 아마도 쉽지는 않을 것입니다. 특히 코로나로 시작된 강세장 이후에 상장된 기업을 샀다면 최소 2년은 고생할 가능성이 있습니다. 그러면 어떻게 해야 할까요? 결국은 기업으로 돌아가는 수밖에 없습니다. 고성장의 발판으로 상장을 이용하는 미래가 보이는 기업인지, 공모시장에 고가로 주식을 넘기고 나가려는 얌체 같은 기업인지, 그것을 먼저 구분해야겠죠. 그리고 마지막으로 한 번만 더 강조 드립니다. 초보 투자자라면 신규 상장주는 되도록 건너뛰세요.

보너스 신조어가 나오고 나면 이미 가격에 반영된 것

이 글을 쓰고 있는 2022년 8월 무렵, 주식시장에서 가장 핫한 단어는 '태조이방원'입니다. 태양광/조선/이차전지/방산/원자력 섹터의 강세 현상을 줄여서 부른 표현이죠. 주식투자를 하다 보면 특정 시점에 유독 돋보이는 상승 섹터들이 있습니다. 흔히 이야기하는 주도주라고 볼 수 있죠.

하지만 주도주로 대중들에게 주목받았다는 사실 자체로 투자를 하는 것은 어리석은 행동입니다. 쉽게 말해서 한발 늦었습니다. 주도주라고 불리는 종목들의 주가 상승 과정을 살펴보겠습니다. 상승이 시작된 종목이 바로 주도주라고 불릴 수는 없습니다. 잠깐의 상승과 잠깐의 하락은 언제든 뒤집어질 수 있죠.

하지만 일정 수준 이상, 일정 기간 이상 상승을 이어가게 되면 그제야 시장의 관심을 얻게 됩니다. 이미 저점에서는 수십 프로 이상 상승한 상태입니다. 이때부터 사람들은 해당 종목이 왜 올랐는지 이유를 찾게 됩니다. 그리고 비슷한 상승을 보이고 있는 몇 개의 섹터를 묶어 신조어를 만들어 냅니다.

왜 신조어를 만드는 것일까요? 이를 이해하기 위해서는 미디어의 속성 또한 생각해 봐야 합니다. 신조어를 만드는 미디어의 수익 모델은 신조어 자체가 아닙니다. 미디어의 수익 모델은 관심을 파는 것입니다. 관심이 생겨야 클릭을 하고 클릭을 해야 돈이 됩니다. 미디어는 대중의 관심을 얻기 위해 입에 착 붙는 새롭고 재미난 단어를 만들어야 합니다.

하지만 투자자 입장에서 신조어 자체는 투자에 전혀 도움이 되는 정보가 아닙니다. 호기심만 더 강해질 뿐입니다. 기대 수익률과는 상관없습니다. 앞서 말했지만 이미 수십 프로씩 상승한 종목에 뛰어들어서 얼마나 수익을 낼 수 있을까요? 소액만 먹고 빠져나오겠다고요? 과연 그렇게 할 수 있을까요? 초보 투자자가 신조어로 알려진 종목에 투자할 때의 전형적인 패턴을 그림으로 알아보겠습니다.

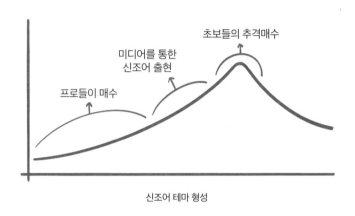

신조어 테마 형성

주식시장은 똑같이 반복되지는 않습니다. 한 번 오른 테마가 또다시 반복되거나 하진 않죠. 하지만 테마가 형성되고 사라지는 과정은 현상적으로 비슷합니다. 왜 그럴까요? 현상의 이면에는 심리가 있고, 사람들의 심리상태는 변하지 않기 때문입니다.

업황, 제도, 트렌드 등 특정 조건이 맞아떨어지면 관련된 섹터가 수개월에서 1년 가까이 중기적으로 오릅니다. 상승의 전반기에는 기관 투자자(외국인 포함)들이 추세추종으로 들어옵니다. 매월 실적을 내야 하는 프로 투자자는 지금 오르고 있는 주식을 빨리 따라잡아야 하죠. 기관의 매수세가 들어오면 해당 섹터의 상승이 더 가속화됩니다. 말 그대로 모멘텀이 생기는 거죠.

상승의 중반기가 되면 미디어에서 본격적으로 개입합니다. 어떤 섹터가 핫한지, 왜 오르는지를 설명하고, 그것을 귀에 착 붙는 표현으로 포장합니다. 바로 신조어를 만드는 것이죠. 이미 이때쯤 되면 저점에서 수십 퍼센트, 많게는 두 배까지도 상승한 상황입니다.

상승의 절정기가 되면 그제야 초보 투자자들이 움직입니다. 주식을 고를 안목이 없는 사람들에게 가장 선명한 정보, 즉 주가 상승 자체에 반응하기 때문입니다. 기억하기 좋은 신조어까지 붙어 있으니 더 쉽게 끌리겠죠. 주가가 꺾이기 직전까지는 모멘텀이 살아 있기 때문에, 이때 진입한 투자자들도 처음 잠깐 동안은 수익 구간이 발생합니다.

사자마자 10~20%의 수익이 나면 더 큰 수익을 꿈꾸게 됩니다. 그러다 보니 발 빠르게 수익 실현을 하지 않습니다. 혹은 5% 정도 찔끔 '먹고' 팔아버립니다. 그런데 팔고 나서도 계속 오르네요? '아직 상승 에너지가 살아 있구나!'라고 판단하고 팔았던 가격보다 더 높은 가격에 다시 진입합니다. 그러나 이 정도쯤 되었을 때 섹터의 상승이 종료되고, 갑자기 큰 하락을 맞게 됩니다.

투자자들은 가장 높았던 가격만 기억합니다. 초보 투자자들에게 본전은 사실 최고점입니다. 그러다 보니 모멘텀이 꺾여도 다시 회복하고 더 오를 거라는 희망에 팔지 않습니다. 그러다 결국에는 수익률이 점차 깎이고, 손쓸 틈도 없이 손실 구간에 진입합니다.

이제부터는 다시 매수했던 가격을 기준으로 본전 심리가 발동합니다. 하지만 테마가 끝난 주식은 야속하게도 하락을 이어가고, 손실폭만 커지게 됩니다. 상투를 잡았던 초보들은 다시금 긴 빙하기에 접어듭니다.

실패를 극복하는 주식투자

차화정, 정화조, 전차군단, 7공주, BBIG, FANNG, MAGAT, 태조이방원 등등 셀 수도 없이 많은 신조어가 등장했다가 사라졌습니다. 각 시기별로 주도주는 달랐지만, 신조어가 만들어진 주도주에 대한 사람들의 반응은 한 번도 달라진 적이 없습니다.

내가 먼저 사서 보유하고 있던 주식이 신조어에 들어가고 주도주가 된다면? 그게 최고의 시나리오입니다. 하지만 신조어가 생긴 섹터에 신규로 진입하고 싶다면? 하지 마세요. 수익을 내봤자 소소하고 허름할 뿐, 까딱 잘못하면 큰 손실을 입고 마음의 상처도 커질 수 있습니다.

일단 망친 주식, 어떻게 수습해야 할까?

이번에는 망친 주식을 어떻게 수습해야 하는지 본격적인 스텝을 알아보겠습니다. 일단 의사가 부상의 정도를 확인하듯, 손실의 깊이를 확인해야 합니다. 그 다음은 어떻게 해야 할까요? 팔까요? 말까요? 옮겨 탈까요? 각 대응법의 의미와 활용 방법에 대해 알아 보겠습니다.

손실 과정 분석하기

몇 년 전, 도시에 사는 신혼부부나 1인 가구의 필수템이 된 인기 가전제품이 있었습니다. '발뮤다BALMUDA'라는 브랜드의 토스터인데요. 토스트를 너무 맛있게 구워 줘서 별명이 '죽은 빵도 살려내는 토스터'였습니다. 맛없고 오래된 빵도 발뮤다 토스터를 쓰면 맛있는 빵으로 변한다는 거죠. 참 우리나라 사람들의 표현력은 정말 훌륭합니다. 죽은 빵을 살려낸다니…

죽은 주식도 살려낼 수 있다면 얼마나 좋을까요? 그렇다면 이 토스터를 통해서, 우리의 망친 주식을 살려낼 힌트를 얻어 보겠습니다. 발뮤다 토스터의 후기를 읽어 보면, '겉바속촉(겉은 바삭하고 속은 촉촉한)'의 간증이 넘쳐납니다. 빵의 속은 촉촉하지만, 빵의 겉 부분은 바삭바삭하게 구워진다는 것이죠. 갑자기 입에 침이 고이고 김이 모락모락 나는 토스트가 먹고 싶네요. 하지만 망친 주식을 수습하는 게 우선입니다.

발뮤다가 회생시키려는 죽은 빵을, 우리가 망친 주식투자와 비교해 보겠습니다. 토스트처럼, 우리의 투자도 '겉바'를 살려내야 합니다. 건조하고 바삭하게 만들어 줘야 하는 거죠. 어떻게 하는 게 건조하고 바삭하게 하는 것일까요?

투자 히스토리 전반에 걸쳐, 내가 저지른 모든 의사결정을 최대한 '건조'하게 분석해야 합니다. 정확히 어떤 시점에 어떤 행동을 했는지 구체적으로, 최대한 감정을 배제하고 써 보시기 바랍니다. 제일 처음에 들어갈 것은 투자를 시작하게 된 '이유'입니다.

왜 샀는가?

1. 최초에 관심을 가진 시기는 언제인가?
2. 관심이 생긴 이유는 무엇인가? 정보의 출처는?(유튜브, 뉴스, 블로그?)
3. 그 종목의 '핵심 투자 아이디어'는 무엇인가?
4. 리스크는 무엇이었나?
5. 내가 생각한 적정 매수가(ex: 15,000원 이하)와 적정 매도가(ex: 20,000원 이상)는?

여기까지 적었다면, 가장 중요한 다음 질문이 있습니다.

6. 혹시… 나는 1~5번 질문을 건너뛰고 성급하게 매수를 하지는 않았는가?

실패를 극복하는 주식투자

사실 이 부분에서 거의 대부분의 실패에 대한 원인이 나오지만, 조금만 더 가보겠습니다.

매수 당시의 장세는 어떠했나?

7. 매수할 당시 지수의 밸류에이션(ex: 코스피 PER, PBR)은 어느 정도였나?

8. 매수 당시의 예탁 자금 대비 신용잔고는 어떠했는가?

9. 혹시 당시의 주식시장 전체가 비싸지는 않았나?(이런 시기에는 뭘 사도 물립니다)

강세장에는 전체 주식이 고평가 구간에 들어섰을 가능성이 높기 때문에, 장세가 전환될 때 내 주식도 큰 이유 없이 같이 빠지게 됩니다. 그 경우 나뿐만 아니라 많은 사람들이 주식에 물려서 고생하고 있을 것입니다. 이럴 때는 내 잘못도 있지만, 다시 강세장이 올 때 자연스럽게 복구할 기회가 올 수 있습니다.

마지막으로, 내가 산 개별 종목의 상황을 확인해야 합니다. 최초 매수 시점과 현재의 상황에 변화가 있는지? 그 변화에 따라 투자를 이어갈지, 멈출지를 판단합니다.

지금의 객관적 상황은?

10. 매수할 당시 해당 종목에 대한 업황은 어떠했는가?(뉴스, 리포트 등으로

확인)

11. 현재 업황은 어떠한가?

12. 내가 예상하지 못한 업황의 변화가 발생했는가?

　이건 직접 적어 보셔야 됩니다. 노트를 펴고, 위의 12개 질문에 순서대로 답을 해 보시기 바랍니다. 안팎으로 상황을 확인하는 것이 망친 주식 살리기의 시작이죠. 보유 종목의 손실은 내 문제일 수도 있지만, 외부의 문제일 수도 있습니다. 내가 예상하지 못한 나쁜 일이 발생했다면 상황이 바뀐 것입니다. 이런 경우 냉정하게 손절해야 할 수도 있습니다.

　하지만 외부 요인이 작용해 상황이 바뀌었다고 해도, 현재 손실률이 심하게 크다면 분명히 내 잘못이 있습니다. 중요한 건 '어디서 잘못했는지'를 마치 검시관이 사후 부검을 하듯 철저히 확인해야 합니다. 그래야 다음 번에는 같은 잘못을 하지 않고, 비슷한 함정을 피해갈 수 있습니다.

　예를 들어 강세장의 꼭지에 주식을 샀다면 뭘 사든 수익을 내기가 힘들었겠죠. 그런 실수를 확인했다면 다음에는 어떻게 달라질 수 있을까요? 개별 종목이 아무리 마음에 들어도 지수 전체의 레벨을 보며 매수량을 줄일 수 있습니다.

　다른 실수도 있습니다. 개별 종목의 하방은 고려하지 않고 상방의 크기만 생각했을 수도 있겠죠. 그런 잘못을 확인했다면 다음부터는 특정 종목을 사기 전에 좀 더 보수적인 가격까지 기다리게 될 것입니다. 어디서 잘못했는지 알아내야 합니다. 그래야 다음에는 같은 실수를 하지 않습니다.

성공한 토스트의 매력은 겉의 바삭함과 속의 촉촉함이 어우러졌다는 것이죠. 이제 어떻게 하면 내 망친 주식의 '속촉'을 찾을 수 있을까요? 위에 한 것들과 완전히 반대되는 프로세스가 있습니다. 모든 객관적 사실을 걷어 내고, 물린 주식에 대한 나의 '감정'을 최대한 깊게 들여다보는 것입니다.

감정이라고요?

네 맞습니다. 감정도 알아야 합니다. 주식투자는 합리성을 추구하는 경제활동이지만, 인간은 본래 합리성과 거리가 먼 동물입니다. 완전하지 않습니다. 그 사실을 인정하지 않으면 앞으로 나아갈 수 없습니다. 우리의 유전자는 원래 감정에 사로잡혀 충동적으로 행동하도록 설계되어 있습니다.

보통은 아무도 이런 조언을 하지 않습니다. '투자는 감정을 배제해야 성공한다.'고들 말하죠. 하지만 내 감정을 정확히 이해하는 것은 투자에 도움이 됩니다. 사실은 그런 거죠. 투자에서 감정은 '배제'하는 것이 아니라 '극복'하는 것입니다.

그래서 어떻게 감정을 극복하느냐? 여기에 자아성찰의 묘미가 있습니다. 감정은 우리 안에서 어지럽게 쏘다니는 보이지 않는 흐름입니다. 그래서 그 감정을 붙잡는 훈련이 필요합니다. 어떻게 붙잡죠? 글로 써야 합니다. 신중하게 글로 써 보기 전에는, 내 감정을 나도 정확히 이해하지 못합니다.

평가손이 커진 상태에서 내가 어떤 감정을 느끼고 있는지 기록해 보세요. 더 나은 투자자가 되고 싶다면 꼭 해야 하는 중요한 숙제입니다. 손실액의 크기에 따른 절망, 외부 상황에 대한 공포감, 피할 수 있었던 실수에 대한 후회, 앞으로 어떻게 만회할지에 대한 막막함… 등등을 구체적으로 쓰시기 바랍니다. 써 봐야 합니다.

혹시 내가 과거에 욕심을 부린 것이 기억난다면 그것도 기록해야겠죠. 실제로 같은 실수를 반복하는 경우는 너무나도 많습니다. 제가 겪은 모든 실패들도 그랬습니다. 아주 운이 나쁘거나 불가항력이 발생한 경우는 거의 없습니다. 대부분은 막을 수 있었던 실수, 안 할 수 있었던 실수, 나의 욕심으로 인한 실패였습니다.

제일 뻔한 실수가 뭔지 아시나요? '지금 사면 바로 먹겠는데?'라고 생각하며 방심해서 급하게 사는 것입니다. 며칠만 갖고 있어도 돈이 벌리는 기회는 별로 없습니다. 특히 그런 기회가 우리에게, 경험이 부족한 투자자에게 그렇게 쉽게 나타날 리도 없죠. '안 해도 되는 행동을 하지 않는 것'이 '해야 할 행동을 하는 것'보다 훨씬 빈번한 시험입니다.

이왕 말이 나온 김에 '먹는다.'는 표현에 대해서도 생각해 보겠습니다. 운이 따라줘서 수익이 나면 꼭 '먹었다.'고 표현합니다. 또는 제대로 투자하지 않고 단기로 푼돈이나 번 사람이 꼭 '먹었다.'고 표현합니다. 주식투자는 먹는 게 아닙니다. 토스트나 드세요. 무심코 내뱉는 가벼운 감정이 진지한 투자를 막는 의외의 빌런이 될 수도 있습니다. 명심하세요. 크게 벌려면 진지한 자세로 임해야 합니다.

실패를 극복하는 주식투자

평소에 투자 일기를 쓰는 것은 팩트를 수집하고 아이디어를 만드는 데도 도움이 되지만, 이런 심리적 실수들, 특히 감정에 지배되어 저지를 수 있는 잘못된 행동들을 제어하는데 더 큰 역할을 하게 됩니다. 일기를 쓰는 투자자와 그렇지 않은 투자자의 미래는 크게 다를 것입니다. 꼭 투자뿐 아니라, 인생의 모든 성공이 그렇지 않을까요?

꾸준히 일기를 쓰고, 세상의 변화와 나의 감정을 더 잘 이해하는 투자자가 됩시다. 겉은 바삭하고 속은 촉촉한, 아름다운 투자 레코드를 쌓을 수 있을 것입니다.

CHECK POINT

⊘ 손실 과정을 분석할 때는 '객관적 상황'과 '주관적 감정'을 확인하자.

⊘ 매수 이유, 매수 당시 장세, 현재 상황을 살펴본다.

⊘ 물린 주식에 대한 솔직한 감정을 기록한다.

수습 가능 여부 확인하기

이번에는 망친 종목의 수습이 가능한지 아닌지 확인하는 과정을 알아보겠습니다. 투자를 망쳤다는 것은 간단하게 말하면 손실률이 크다는 것이죠. 먼저 특정 손실률을 기록했을 때 본전, 그러니까 투자 원금을 찾기까지 필요한 만회 수익률에 대해 알아보겠습니다.

-5% 손실을 복구하기 위해 필요한 수익률 = +6%

-10% 손실을 복구하기 위해 필요한 수익률 = +11%

-15% 손실을 복구하기 위해 필요한 수익률 = +18%

-20% 손실을 복구하기 위해 필요한 수익률 = +25%

-30% 손실을 복구하기 위해 필요한 수익률 = +43%

-40% 손실을 복구하기 위해 필요한 수익률 = +67%

-50% 손실을 복구하기 위해 필요한 수익률 = +100%

-60% 손실을 복구하기 위해 필요한 수익률 = +150%

-70% 손실을 복구하기 위해 필요한 수익률 = +230%

-80% 손실을 복구하기 위해 필요한 수익률 = +400%

-90% 손실을 복구하기 위해 필요한 수익률 = +900%

뭔가 패턴이 보이시나요? 손실률이 커질수록 요구되는 만회 수익률은 훨씬 더 커집니다. 특히 -30% 손실부터는 동일한 숫자의 수익률로는 복구 근처도 못 갑니다. 두 자릿수의 추가 수익률이 필요하죠. -50%쯤 가면 두 배의 수익을 내야 겨우 본전입니다. 두 배나 오르는 주식을 쉽게 찾을 수 있을까요?

정말 중요한 사실입니다. 절대로, 절대로 많이 잃으면 안 됩니다. 복구에 요구되는 수익률이 기하급수적으로 늘어나기 때문입니다. 초보 투자자라고 가정했을 때, 제가 제시할 수 있는 기준은 -30% 정도입니다. 장세에 따라서 -10~20% 손실까지는 일어날 수도 있습니다. 하지만 -30% 이상의 하방이 보인다면 아예 살 생각도 하지 마세요. 이렇게 하방에 대한 인지만 해도, 장기적으로는 수월하게 수익을 낼 수 있습니다. 만에 하나라도 큰 폭의 손실률을 기록하면 돌이킬 수 없습니다.

개별 종목에서 -30% 이상의 손실이 발생했다면 '내가 저지른 실수'가 확실히 있다고 봐야 합니다. 그보다 중요한 건, 이 정도의 큰 손실이 났을 때 대응 방법입니다. 한 번에, 하나의 종목으로 이 손실을 만회하려는 욕심도 버려야 합니다.

왜일까요? 요구되는 수익률의 상식적인 난이도 때문입니다. 연평균 수익률로 생각해 보겠습니다. 세계 최고의 투자자인 워런 버핏이 수십 년간 쌓아온 연평균 수익률이 20%가 되지 않는다고 합니다. 1년에 26%의 수익을 꾸준히 낼 경우 10년 뒤에는 원금이 10배로 불어납니다. 초보 투자자의 경우 연 수익률이 두 자릿수만 되어도 상당히 잘하는 것입니다. 강세장에서 운 때문에 수익률이 더 높은 경우도 있지만 그때뿐입니다. 실력이 없이 약세장을 만나면 벌었던 돈도 그대로 까먹게 되죠(2020년에서 2022년 사이에 겪은 수익률 변화를 떠올려 보시기 바랍니다).

앞서 -30%의 복구 수익률은 43%라고 말씀드렸습니다. 초보 투자자 입장에서, 1년 내에 43%의 수익률을 보여주는 주식을 찾는다는 것은 쉽지 않습니다. 대신 나눠서 접근하면 됩니다. 한 종목으로 43% 수익을 내는 건 어렵지만, 20% 수익을 두 번 내면 44%가 됩니다. 이런 식으로 접근하는 것이죠. 13%의 수익을 세 번 내도 됩니다. 기계적으로 13%를 반복하라는 이야기는 아닙니다. 말하자면 높은 산은 천천히 정복하는 게 좋다는 것이죠.

사실 '원상복구'는 투자자로서, 그 전에 인간으로서 간절히 바라게 되는 원시적 충동입니다. 손실 회피 편향이라는 심리적 오류 때문인데요. 간단히 말해 수익의 기쁨보다 손실의 고통이 더 크게 느껴지는 현상입니다. 이것은 마인드컨트롤로 제어되는 부분이 아닙니다. 인간의 뇌가 그렇게 느끼도록 프로그램되어 있습니다.

되도록이면 원상복구를 위해 너무 애쓰지 않아야 합니다. 아이러니하게 들릴 수도, 궤변으로 들릴 수도 있습니다. 하지만 그래야 합니다. 원상복구는 좀 더 저렴하게 표현하면 '본전 심리'입니다. 본전 심리가 우리를 지배하면 어떻게 될까요? 합리성을 잃고 조급하게 행동하게 됩니다. 조급하게 행동하면 실수를 합니다. 실수를 하면 슬프지만 또 다른 손실의 문이 열릴 뿐입니다.

한쪽에서 -30%의 손실이 나고, 또 다른 데로 갈아타서 -20%의 손실이 나고, 거기에 흥분해서 또 다른 곳으로 급발진해서 또 손실을 보고… 객장에서 종이로 된 주식증서를 만지던 시절부터 지겹도록 내려오는 호구의 패턴입니다. 세상이 아무리 발전해도, 도박 심리와 본전 심리에 사로잡힌 사람의 숫자는 줄어들지 않습니다. 인간이라는 동물의 본성과 엮여 있기 때문입니다.

일단 -30% 이상의 손실이 났다면, 분명 내가 잘못한 부분이 있습니다. 패배를 인정해야 합니다. 하지만 손실만 남은 건 아닙니다. 교훈도 남게 됩니다. 본전은 천천히 찾아도 되지만, 교훈은 서둘러 내 것으로 만들어야 합니다. 어떻게요? 간단합니다. 쓰세요. 기록으로 남기세요. 앞서도 말했지만 투자 일기는 중요합니다.

왜 이렇게 큰 손실이 났는지 깊게 생각해 보시기 바랍니다. 폭락장이 온 건지, 상투를 잡은 건지, 밸류에이션을 빼먹었는지, 어디서 잘못한 것인지를 확인해야 합니다.

- 손실의 크기에 따라 원상복구에 필요한 수익률을 확인한다.
- 원상복구가 어렵다고 판단되면, 잃은 돈보다 얻은 교훈에 집중한다.
- 교훈을 잊기 전에 기록으로 남겨 내 것으로 만든다.

만약 잘못한 부분을 찾기 어렵다면 어떻게 해야 할까요? 여기서부터 진짜 투자자의 고민이 시작됩니다. 만약 투자 아이디어를 세웠고, 적절한 매수 가격대를 가늠해서 주식을 샀는데도 손실률이 크다면 어떻게 해야 할까요? 일단은 투자 아이디어 자체를 다시 점검해야 합니다. 특히 중요한 질문은 아래와 같습니다.

- 내 투자 아이디어의 논리가 명확하고 현실적이었나?
- 중간에 바뀐 대외적인 상황은 없었는가? 혹시 아이디어가 훼손되지는 않았는가?
- 아이디어가 실현되는 시점은 언제인가? 아직 오지 않았는가?
- 혹시 내가 예상한 시점이 되었는데도 주가가 오르지 않았다면, 얼마나 더 기다리면 될까?

위 질문들에 대한 정확한 대답이 필요합니다. 다양한 자료를 읽고, 검색을 하고, 필요하다면 주담과 통화해 질문도 해야겠죠. 하지만 더 중요한 것은 이런 재검증 또한 기록으로 남기는 것입니다. 보통은 '투자 아이디어 점검'이라고 부르는 활동이죠.

정리해 보겠습니다. 일단은 손실률의 크기로 내가 입은 데미지(원상복구가 얼마나 가능할지)를 확인해야 합니다. 그리고 내가 어디서 실수했는지를 확인합니다. 실수가 아니라고 생각되면 최초의 투자 아이디어를 다시 한 번 돌아봅니다. 여기까지 완료되었다면 실제 수습을 위해 어떻게 행동해야 할지 전략을 세울 수 있습니다.

실패를 극복하는 주식투자

앞서 -70% 이상 손실을 입었다면, 본전에 필요한 수익률이 230%라는 것을 확인했습니다. 때때로 과한 손실을 입은 경우, 10년 전, 20년 전의 고점도 회복하지 못하는 경우도 있습니다. 의외로 많습니다. 대표적인 예가 닷컴버블과 2000년대 중반 대상승의 꼭대기에 물린 주식들입니다.

버블의 고점에 물렸거나, 손실률이 반토막 이하라면 다른 대안을 찾아야 할 수도 있습니다. 또는 내가 산 기업의 본질적인 수익력에 의심이 간다면 장기 투자가 답이 아닐 수도 있습니다. 일단 다음과 같은 질문을 해 보시기 바랍니다.

- 부채비율이 지나치게 높은지? 100% 이상, 때로는 200% 이상
- 과거 2~3년간 적자가 계속되지는 않았는지?
- 호재가 1회성 이벤트에 의존된 것은 아닌지?(ex: 단기 히트작, 코로나 등 특수상황, 정치 테마 등)

만약 물린 주식이 위와 같은 상황이라면, 손절을 고민할 시기입니다. 정말 운이 좋아서, 언젠가 급상승해서 원상복구가 될 수도 있겠죠. 하지만 포기하는 게 낫습니다. 정말 희박한 운일 것입니다. 애초에 저런 기업은 사지 않는 게 낫습니다. 만약 큰 실수를 했는데 운으로 회복되면 어떨까요? 다음에 같은 실수를 또 하게 됩니다. 그때는 운이 나를 구제해 주지 않을 것입니다. 차라리 통한의 손절로 뼈에 각인되는 교훈을 얻는 게 낫습니다.

격투기 선수들을 생각해 볼까요? 그들도 패배합니다. 경기에 나

가 만인이 보는 앞에서 녹아웃이 되는 경우도 있습니다. 그 굴욕감은 어느 정도일까요? 그럼에도 불구하고 다시 털고 일어나 도전합니다. 다음에 더 나은 싸움을 하기 위해 연습하고 노력합니다. 그게 프로죠. 그래서 격투기 선수들은 패배하고도 돈을 벌 수 있습니다.

주식도 마찬가지입니다. 한두 번 하고 마는 게임이 아닙니다. 졌다고 포기하면 거기서 끝입니다. 안 좋을 때는 포기하고, 다들 좋다고 하면 다시 기웃거리고, 그런 식으로는 평생 주식으로 돈을 벌 수 없습니다. 자존심에 스크래치가 나는 것을 무서워하지 마세요. 주식을 하다 보면 으레 생길 수 있는 일입니다. 이번 패배를 거울삼아 더 나은 투자자가 되세요. 결국에는 우리도 경제적 자유라는 벨트를 감을 수 있을 것입니다.

CHECK POINT

- ⊘ 손실률의 크기로 복구 가능성을 점검하자.
- ⊘ 손실률이 커지면 원상복구를 위한 수익률은 곱절로 커진다.
- ⊘ 손실률이 큰 경우 한 번에 만회하려 하지 말자.
- ⊘ 우선은 지금의 종목이 손실이 난 이유를 분석하고 기록하자.

실패를 극복하는 주식투자

갈아 타기
-교체매매의 요령

때때로 큰 하락장에서는, 기존에 보유하던 종목들을 과감히 손절하고 새로운 종목으로 갈아타는 과감한 대처를 할 수도 있습니다. 실제로 2020년 코로나 폭락 때, 이런 방법을 통해 단기간에 하락을 만회하고 연말에는 오히려 큰 수익을 낸 고수 투자자들도 있었습니다.

결론부터 말하자면 그렇게 추천하지는 않습니다. 교체매매로 큰 수익을 낸 분들은 고수입니다. 반대로 종목을 고르는 안목이 부족한 초보 투자자라면, 그래서 잘못된 종목 선정으로 손실이 생겼다면, 갑자기 종목을 보는 안목이 좋아져서 교체매매한 종목이 대박 날 확률이 얼마나 될까요? 상식적으로 어려울 것 같지 않나요?

그럼에도 불구하고 초보 투자자가 하락장에서 교체매매를 고려한다면, 몇 가지 전제 조건이 필요합니다.

1. 교체매매의 후보가 되는, 공부가 '완료'된 기업들이 최소 10개 이상 있을 때

2. 현재 보유한 기업의 장기 업황이 매우 어려워 보일 때

3. 현재 보유한 종목이 부채비율이 높고 적자가 나는 부실한 기업일 때

4. 한 종목에 몰빵해서 리스크가 높아, 몇 가지 종목으로 분산할 필요성을 느낄 때

5. 내 종목은 아닌데 상당히 좋아 보이는 다른 종목이 있을 때

그럼 하나씩 살펴보겠습니다.

1. 교체매매의 후보가 되는, 공부가 '완료'된 기업들이 최소 10개 이상 있을 때

Feat. 잘 모르는 것을 사서 물렸으면서 또 모르는 걸 사도 될까요?

반드시 기억하세요. 교체매매는 베팅이 아닙니다. 위험 관리입니다. 내가 잘 알고 있는 기업이 아니라면, 절대로 사면 안 되죠. 특정 종목에 물려 피를 철철 흘리고 있을지언정, 그동안 꾸준히 다른 기업을 공부해 오셨나요? 그렇다면 어느 정도 상대 평가가 가능할 것입니다. 한두 개의 후보군으로는 부족합니다. 못해도 두 자릿수 이상의 후보들을 비교해 보아야 객관적인 대안을 찾을 수 있겠죠.

실패를 극복하는 주식투자

2. 현재 보유한 기업의 장기 업황이 매우 어려워 보일 때

Feat. 투자 아이디어가 훼손되어 도저히 가망이 없을 때, 비로소 패배를 인정한다.

수많은 선배 투자자들이 눈물로 호소합니다. '투자 아이디어가 훼손되기 전에는 절대로 팔지 말라.' 하지만 진짜 훼손되었다면 결국 팔아야겠죠. 초보들의 경우 이 의견을 지키기 어렵습니다. 주가가 빠지면 내 아이디어도 틀린 것처럼 느껴집니다. 진짜 내가 틀린 건지, 주가만 빠진 건지 구분을 정확히 해야 합니다.

보통 투자 아이디어의 훼손은 정부의 정책 변경이나, 전 세계의 변화를 일으키는 큰 사건, 또는 경영진의 윤리를 의심할 만한 스캔들 정도는 되어야 가능합니다. 정부가 대형마트의 운영시간에 제한을 준다든지, 중국이 한한령 제재를 시작한다든지, 직원 한 명이 회사 자본금에 영향을 줄 만큼 횡령을 했다든지… 실제로 벌어진 일도 많긴 하네요….

3. 현재 보유한 종목이 부채비율이 높고 적자가 나는 부실한 기업일 때

Feat. 왜 샀는지 혼나야 하지만, 일단 탈출부터 생각해 보시죠.

그런데 정말 왜 사셨나요? 빚도 많고 돈도 못 버는 회사를? 이 회사를 '그럼에도 불구하고' 산 이유가 있었나요? 아니면 그냥 주가가 오를 것 같은 '공허한 촉'이 왔나요? 후자였다면 냉정히 손절하는 게 맞습니다. 그리고 스스로를 심하게 질책하세요. 만약 나름의 이유가 있었다면, 위 2번에서 언급했던 투자 아이디어를 다시 점검해 봐야겠죠.

꼭 사야 하는 이유가 없었는데 기업의 재무상태도 좋지 않다면, 리스크가 더 커집니다. 불황이 오면 돈을 못 버는 회사부터 망하겠죠? 굳이 장기 투자한다고 자기합리화하지 마시고, 실제로 흑자를 내는 회사에 투자하세요.

4. 한 종목에 몰빵해서 리스크가 높아, 몇 가지 종목으로 분산할 필요성을 느낄 때

Feat. 한 방에 모든 걸 걸겠다? 우리 인생이 그렇게 잘 풀린 적이 있었나요?

저는 초보 투자자에게 가급적 종목 수를 적게 가져가길 추천합니다. 너무 많이 들고 있으면 깊게 공부하지 않거든요. 소수의 기업이라도 정확히 알고 투자하는 게, 알지도 못하는 기업 여기저기에 투자하는 것보다 낫습니다. 하지만 한 종목에만 몰빵되어 있다면 문제가 됩니다.

소수 종목과 한 종목은 엄연히 다르죠. 한 종목에만 투자할 경우, 만에 하나 내가 틀렸을 때의 위험이 너무 커집니다. 편견이 생겨 이성적 판단이 어려워질 수도 있죠. 그런 위험이 스스로도 느껴진다면, 1번에서 말한 공부가 완료된 종목 중 몇 개로 분산해 주는 것도 필요합니다.

5. 내 종목은 아닌데 상당히 좋아 보이는 다른 종목이 있을 때

Feat. 제대로 공부한 거 맞죠? 혼자 하는 착각 아닌 거 맞죠? 확실하죠?

많은 기업을 들춰 보다 보면, 때때로 정말 좋은 투자 기회가 보일 때가 있습니다. 미리 말씀드리지만, '때때로'입니다. 날이면 날마다 오는 게 아니에요. 아주 가끔 그런 일이 발생합니다. 하지만 정말 좋은 투자 기회일 수도 있습니다. 특히 투자 아이디어의 예상 실현 시점을 비교해 보시기 바랍니다. 내가 보유한 종목보다 더 먼저 주가가 오를 것 같다면, 그때는 과감히 교체매매를 시도해 봐도 좋습니다.

하지만 이런 경우에도, 이미 보유해서 물린 종목과의 업사이드 비교를 면밀히 해 봐야 합니다. 크게 물린 종목의 경우 의외로 주가 하락 자체가 상승 모멘텀이 될 수도 있거든요. 그래서 물린 종목을 다른 종목으로 교체매매하려면 조건이 있습니다. 교체매매 대상도 주가가 상당히 빠져 있는 상태여야 합니다. 함께 망가진 종목 중에서 내 종목보다 더 빨리 주가가 오를 종목이 보일 때, 이럴 때만 교체를 단행해야 합니다.

이렇게 교체매매를 고려하기 위한 전제 조건을 알아보았는데요. 꼭 명심할 점이 있습니다. '주가가 이미 오르고 있는' 종목은 교체를 고려할 종목이 아니라는 것입니다. 주가가 어느 정도 올랐다면 많이 떨어진 내 종목에 비해 투자 매력이 약한 경우도 많습니다. 생각해 볼까요? 뼈아픈 손절을 감수하고 갈아탔는데, 새로 산 종목은 다시 조정을 받고 손절한 종목이 오르기 시작한다면? 그때의 후회를 이겨 낼 자신이 있나요? 전형적인 '스텝이 꼬이는' 상황이 될 수도 있습니다.

교체매매를 할 때 꼭 지켜야 하는 것들을 리마인드 해 보겠습니다. 이미 공부가 되어 있는 기업들 중, 내 종목만큼이나 하락폭이 크지만, 전망이 좋고 더 빠르게 회복될 것 같은 기업, 그런 기업을 찾았을 때만 교체를 고려해야 합니다.

CHECK POINT

⊘ 교체매매는 보유 중인 망친 종목을 팔고 다른 종목을 사는 것.
⊘ 교체매매를 하기 전에 전제 조건을 지켜야 한다.
⊘ 주가가 이미 오르는 종목은 교체 대상이 아니다.

실패를 극복하는 주식투자

버티기 - '존버'의 요령

몇 번 얼굴도 본 적 있는, 꽤 알려진 개인 투자자 한 분이 있습니다. 진지한 가치 투자를 추구하는 몇 안 되는 개미 중 한 명입니다. 그분이 운영하는 블로그에, 꽤 인기 있는 글이 한 편 있습니다. '슈퍼개미와 맥주 한 잔'이라는 제목인데요. 기회가 되시면 꼭 읽어 보시기 바랍니다.

그 글에서 한 세대 앞서 주식투자로 큰 부를 쌓은 슈퍼개미 선배가 2008년 금융위기 당시의 경험담을 이야기해 줍니다. 2,100 포인트를 향해 가던 코스피 지수가 거의 1년간 절반 이하까지 떨어지던, 그야말로 공포의 시기였습니다. 1,000 포인트를 깬 이후로 상당히 많은 투자자들이 공포감을 이기지 못하고 투매에 동참했다고 합니다. 그때 이 슈퍼개미 선배님도 주식 비중 100%로 하락의 피해를 고스란히 입었다고 합니다. 당시 이분은 폭락장에 어떻게 대응했을까요?

아무것도 하지 않고, 그냥 가만히 있었다고 합니다.

이게 다입니다. 가장 단순한 진리입니다. 주식은 너무 많이 오르면 다시 내리고, 너무 많이 내리면 나중에 다시 오릅니다. 슈퍼개미 선배님도 눈덩이처럼 불어나는 손실액을 지켜보기만 했다고 합니다. 그러나 이듬해에는 반등장을 만나 보유 주식들이 급등하며 손실이 모두 복구되었고, 오히려 재산이 더 크게 불어났다고 합니다.

아무것도 하지 않기

주식투자를 하며 가장 힘든 시기는, 내가 공부하고 노력했음에도 불구하고 성과가 나쁠 때입니다. 나름대로 열심히 리서치해서 고른 종목이 생각지도 못하게 손실이 생기면, 회의감과 절망감의 노예가 됩니다. 그럴 때 너무 당황하지 마시기 바랍니다.

투자 아이디어의 훼손이 없다면, 아무리 찾아도 어디서 잘못되었

      실패를 극복하는 주식투자

는지 모르겠다면? 그냥 가만히 있는 게 정답입니다. 특정 종목만 빠지는 게 아니라 전체 시장이 폭락하는 경우, 의외로 가장 효과적인 대응책은 '무대응'입니다.

상식적으로 생각해 볼까요? 초보 투자자들, 평소에도 수익을 내기 쉽지 않은 경험이 부족한 투자자가 폭락장이라고 해서 더 나은 대응을 할 수 있을까요? 가만히 자리를 지키고 있으면 시장이 회복되면서 자연스럽게 보유 종목도 회복될 가능성이 높습니다. 그런데 어설프게 대응한다고 손절을 하거나 교체매매를 한다면 어떻게 될까요? 엇박자가 나서 손실폭을 키우는 경우가 훨씬 많습니다.

장기적으로는 기업의 돈 버는 능력, 즉 본질적인 기업 가치에 따라 주가가 흘러갑니다. 그러나 단기적으로는 별 의미도 없는 일로 주가가 요동치기도 합니다. 특히 다 같이 빠지는 장세일 때 착각하면 안 됩니다. 내 보유 종목의 주가가 빠지다 보니 내가 뭔가 잘못한 것 같고, 모르는 무언가가 있는 것 같고, 뭔가 대응을 해야 할 것 같은 기분에 사로잡힙니다. 하지만 이런 경우는 대부분 '기업과 상관없이 주가만 빠졌을' 가능성이 더 높습니다.

이를 이해하기 위해서는 갑작스러운 시장 하락에 대해 살펴볼 필요가 있습니다. 갑자기 전체 시장이 크게 하락하고, 코스피, 코스닥 같은 지수가 3% 이상 하락하는 날이 있습니다. 보통 지수의 하락이 3%를 넘어간다면, 개별 종목의 하락폭은 훨씬 클 것입니다. 거의 모든 종목이 하락을 기록하고, 심한 종목들은 -7~8% 많게는 -10% 이상 하락하는 날이 있습니다.

왜 지수의 하락보다 개별 종목의 하락이 클까요? 바로 '반대매매'

때문입니다. 흔히 말하는 신용 매매, 주식 담보 대출 등 증권사에서 돈을 빌려 주식에 투자하는 사람들이 있습니다. 하지만 주식의 경우 언제나 원금 손실의 위험을 안고 있죠. 이는 투자하는 사람뿐 아니라 돈을 빌려주는 쪽도 마찬가지입니다. 증권사 입장에서는 돈을 빌려 준 사람들의 담보금액이 하락해 손실의 가능성이 커지면, 스스로 리스크 관리에 들어갑니다.

보통 '증거금'이라고 하는, 빌린 돈 대비 전체 자금의 비율을 기준으로 삼습니다. 주로 140%를 기준으로 하는데요. 증권사에 돈을 빌린 개인 계좌의 전체 자금이 빌린 돈의 140%보다 적어지면, (쉽게 말해 돈을 갚을 여력이 줄어들면) 증권사에서 자동으로 매도를 체결해 개인이 보유한 주식을 강제로 팔게 됩니다. 이때 체결이 쉽게 되어야 원금 회수가 가능하므로, 체결 가능한 최저가로 매도를 걸게 됩니다.

이때 반대매매가 걸리는 종목들의 주가는 급락합니다. 왜 그럴까요? 특정 주식의 주가가 많이 하락하면 해당 주식을 보유한 사람들의 담보가 줄어듭니다. 반대매매의 위험이 더 커지는 것이죠. 주가 하락의 결과가 반대매매를 부르기도 하지만, 반대매매가 추가 주가 하락의 원인이 되기도 합니다. 악순환의 연속이죠.

특히 중소형주들 중 빚을 내어 투자한 사람들의 비율이 높은 경우는 더더욱 위험합니다. 반대매매의 위험에 더 크게 노출되어 있는 것이죠. 사실 이런 종목은 간단한 지표로 사전에 확인할 수 있습니다. '신용비율'을 확인하면 됩니다. MTS에서 개별 종목의 상세 정보에 들어가면 매일 변동되는 신용비율을 확인할 수 있습니다.

시가총액이 큰 우량주들의 경우는 신용비율이 1%도 안 되는 기업이 많습니다. 하지만 중소형주 중 테마를 많이 타는, 소위 '핫'한 종목들 중에는 몇 배나 높은 신용비율을 가진 기업들도 있습니다. 평소에 특정 종목을 매수하기 전에 꼼꼼히 체크해야 합니다. 다른 종목에 비해 신용비율이 과도하게 높거나, 과거에 비해 신용비율이 크게 올라온 상태라면 굳이 사지 마세요. 언제 생길지 모를 반대매매의 희생양이 될 수 있습니다.

아무튼 우리의 이야기로 돌아오겠습니다. 미리 알고 조심했으면 좋겠지만, 일단 물린 걸 어떡하겠어요? 하지만 이런 현상을 명확히 이해하면 도움이 됩니다. 개별 종목의 갑작스러운 큰 하락은 반대매매의 결과입니다.

그 말은 해당 종목의 주가가 본질 가치에 비해 (반대매매에 의해) 과도하게 하락했다는 의미로 볼 수도 있습니다. 우리의 피눈물이, 누군가에게는 절호의 매수 찬스가 된 것이기도 하죠.

억울하신가요? 그렇다면 한 번만 더 꼬아서 생각해 보겠습니다. 누군가 내 주식의 하락으로 이득을 챙긴다면 화가 나겠지만, 그게 나라면 어떨까요? 그렇죠. 과거의 나보다 더 약삭빠르고, 더 좋은 가격에 주식을 살 기회를 잡은 '현재의 나'를 출동시키는 것이죠.

앞서 말씀드린 대로 투자 아이디어를 점검했는데, 그 아이디어가 아직 유효하다면? 그런데 현재 주가는 과거보다 훨씬 하락했다면, 그것은 매수 기회입니다. 평가 손실이 크더라도 쫄지 말고 더 사시면 됩니다.

보통은 물타기라는 표현 때문에 꺼려지기도 합니다. 뭔가 질척거리는 것 같고, 내가 아둔해진 것 같고 그렇습니다. 하지만 발상을 조금만 바꾸면 됩니다. 과거에 더 위험하게 매수한 (못난) 나보다 똑똑한 현재의 내가 같은 종목을 더 싸게 사는 것, 이것이 바로 물타기의 본질입니다.

적어도 초보자에게는 훨씬 더 합리적인 선택지입니다. 사본 적도 없는 기업보다는 이미 투자한 기업을 더 많이 공부했을 것입니다. 주식투자에서 돈을 잃지 않기 위해 가장 중요한 것은 '공부하고 아는 만큼만 투자하는' 것입니다. 조금이라도 더 아는 기업에 투자하세요. 조금이라도 더 수익을 많이 줄 것 같은 종목에 투자하는 게 아닙니다. 더 아는 게 아니라 더 벌 것 같은 것에 현혹되면 결과는 좋지 않습니다.

한 가지 더 있습니다. 어쩌면 가장 중요한 진실, 그럼에도 실천하지 않는 진실이 있죠. 손실률이 큰 종목을 수익으로 전환시키는 가장 중요한 원동력은 무엇일까요? 바로 물타기에 필요한 '자금력'입니다. 높은 가격에 주식을 사서 물렸다면 낮은 가격에 더 많은 주식을 사면 됩니다. 너무나도 상식적이고 당연한 논리입니다. 그런데 이 논리를 따르는 사람들이 생각보다 드물더군요.

주가가 많이 오를 땐 신나서 최대한 많이 담으려고 하고, 주가가 빠졌을 땐 하루라도 빨리 팔고 도망가려 합니다. 절대로 그렇게 하지 마세요. 평생을 주식시장에 머물러도 돈 한 푼 못 벌게 됩니다. 물타기를 두려워하지 마세요. 내가 아는 기업이 주가가 빠졌다면 더 신나게 주식을 매수해야 합니다.

'그런데 이미 돈을 다 써 버린 걸 어떡해요!' 이렇게 묻는 분들도

실패를 극복하는 주식투자

있겠죠. 더 벌어서 채워 넣으세요. 당연한 것 아닌가요? 초보 시절에는 투자금 자체가 적기 때문에 물타기 하기도 쉽습니다. 본업에서 버는 소득을 꼼꼼히 모아서 추가 매수를 이어 가면, 어느새 본전이 돌아오고 더 큰 수익이 돌아오기도 합니다.

장기적으로 봤을 때 수익을 낼 수 있다는 확신이 드는 기업이라면, 최대한 벌고 아껴서 최대한 많은 주식수를 확보하세요. 가능하다면 부업도 하고, 독하게 아껴서 최대한 투자금을 확보하세요. 어쩌면 종목 분석하고 주식을 공부하는 것보다 훨씬 더 중요한 비결일 수도 있습니다. 사고 싶은 주식은 최대한 많이 사야 합니다. 그리고 주식을 살 돈은 주식이 아니라 본업에서 만들어집니다.

CHECK POINT

⊘ 큰 폭락장은 대부분 기다리면 해결된다.
⊘ 초보라면 섣부른 대응보다 무대응이 더 효과적이다.
⊘ 신용 물량이 청산되는 '반대매매'는 이유 없는 폭락을 부른다.
⊘ 최대한 벌고 아껴서 물타기에 쓰자.

심리 다스리기
-올바른 손절의 요령

마지막으로 이야기할 주제는 '심리 다스리기'입니다. 심리가 중요한가요? 사실 제일 중요합니다. 일단 주식투자는 분석과 계량을 통해 합리적으로 행동하는 것을 목표로 합니다. 하지만 주식투자에 참여한 인간들의 뇌는, 이런 합리성과 정반대로 만들어져 있습니다. 심리에 지배되는 것은 유전적인 한계이며, 심리를 극복하는 것은 필연적인 숙제입니다.

가슴에 손을 얹고, 진실의 순간을 마주해 보겠습니다. 계좌에서 가장 손실률이 큰 종목이 있겠죠? 그 종목이 크게 하락했을 때 어떤 기분이 들었나요? 기분이 좋던가요? 아니면 기분이 나쁘던가요?

'이게 무슨 개떡 같은 질문입니까! 기분이 좋을 수가 있겠어요? 주식이 빠졌는데!'라고 대답하실 수도 있죠. 압니다. 대부분 그럴 거예요. 보유하고 있는 종목이 크게 하락하면 기분이 나쁘고 심리적으로 힘들어집니다. 그렇다면 이제 더 중요한 진실을 마주할 때입니다. 혹시 이런 생각을 해 보셨는지 묻습니다.

왜 기분이 나쁘고 힘들까요?

큰 평가 손실, 앞서 말한 수십 프로 이상의 손실에 대한 스트레스의 본질을 알아야 합니다. 인정하기 싫지만, 이는 전적으로 '자책 심리'입니다. 보지 않아도 될 손실을 스스로의 행동 때문에 본 것, 그것에 대한 후회와 자책이 우리의 기분을 망치는 것입니다.

또 다른 감정으로는 공포감이 있습니다. 지금의 손실이 앞으로 더 커질 수도 있다는 두려움, 예측이 불가능한 미래에 대한 무서움 같은 감정입니다. 이 공포감의 본질도 자책으로 이어질 수 있습니다. 종목에 대해, 업황에 대해 충분한 리서치가 없었기 때문이죠. 공부하지 않았으니 앞일이 불확실하고, 앞일이 불확실해지니 공포심도 커집니다.

지겹도록 말씀드리지만, 최초의 투자 아이디어로 돌아와야 합니다. 손실폭에 대한 대응도, 손실에 따른 감정 소모에 대한 컨트롤도, 맨 처음 주식을 산 이유에서 시작합니다. 처음 주식을 샀을 때, 가까운 미래에 내가 산 주가보다 더 높은 주가에 팔 수 있다고 생각한 이유와 근거는 무엇이었나요?

투자 아이디어를 다시 점검하면 세 가지 결론이 나옵니다.

1. 아… 내가 잘못 샀구나.

2. 아… 시간이 더 필요하겠구나.

3. 하아… 봐도 봐도 도저히 모르겠다.

1번이면 손절이 답이겠죠. 2번이라면 시간이 필요하겠죠. 그런데 3번이 문제입니다. '다시 공부하고 아이디어를 점검해도 모르겠다.', '특별한 대응 방법이 떠오르지 않는다.' 이런 경우가 종종 있습니다. 될 것 같기도 하고 아닐 것 같기도 한 그런 상황이죠.

진실을 알려 드리겠습니다. 해당 주식이 오를지 아닐지와 상관없이, 내 수준에 비해 너무 어려운 투자를 한 것입니다. 결국 틀린 투자라고 볼 수 있습니다. 내가 제대로 이해한 곳에 투자를 한다면, 수익 여부와 관계없이 실력이 쌓입니다. 하지만 내가 알지 못하는 곳에 투자를 했다면, 수익 여부와 관계없이 아무것도 남지 않습니다.

돈을 벌었다고 해도 운이고, 운이 다하면 똑같은 짓을 했다가 더 큰 손실을 맞을 수도 있습니다. 이런 투자로는 자산이 늘어나지 않습니다. 사실 투자가 아니라 투기였던 것이죠. 그래서 '봐도 봐도 모르는' 종목이 있다면, 깔끔하게 투자를 포기하는 게 낫습니다. 그래야 새로운 투자, 적어도 내가 이해할 수 있는 투자로 넘어가 내공을 쌓아 갈 수 있습니다.

이제 그 후부터의 심리적 대응이 중요합니다. 실패를 인정하는 것은 쓴 약을 삼키는 행위입니다. 기분이 좋을 수 없죠. 거기에 자책이 심해지면 더 큰 위험에 빠질 수도 있습니다. 다시 도전하기 위한

실패를 극복하는 주식투자

에너지가 고갈되고, 과거의 무게에 깔려 다시 일어서야 할 시간을 낭비할 수도 있습니다.

손실을 확정하는 것도 힘들지만, 실패를 인정하고 다시 나아가는 게 더 힘들 것입니다. 자책은 피할 수 없습니다. 하지만 자책만 해서는 발전할 수 없습니다. 큰 손실액을 확정하고 나면, 우선적으로 복구해야 하는 것은 돈이 아니라 심리입니다.

이미 손실을 입은 상황에서, 손절도 망설여지고 홀딩도 망설여지는 경우가 있습니다. 논리적 대응이 어려울 때는 심리적 대응으로 보완할 수도 있습니다. 스터디를 통해 알게 된, 오랫동안 전업 생활을 이어 온 투자 선배님이 있습니다. 경험에서 우러나오는 조언으로 저뿐만 아니라 젊은 스터디 동료들에게 많은 도움을 주셨는데요. 이분이 해 주신 재미있는 조언이 있습니다.

"어떤 종목을 보유하는데 마음이 불편하다면, 마음이 편해질 만큼 덜어내라."

말장난처럼 들리나요? 저는 이 이야기를 듣고 온몸에 소름이 돋았습니다. 마음이 편해질 만큼 덜어 내는 것은 사실 굉장히 효과적이고 합리적인 전략입니다. 어떤 종목을 보유하는데 마음이 불편하다는 것은 무슨 뜻일까요?

투자를 하면 필수적으로 '기다림'이 필요합니다. 투자를 하고 기다리면 '일정 시간이 지났을 때' 수익이 발생합니다. 반대로 말하면 일정 시간이 지나기 전에는 수익이 나지 않거나, 심지어 손실인 기간도 존재합니다. 마음이 불편해야 할 이유가 없죠. 겪어야 할 일을 당연히 겪는 것이니까요. 그럼에도 불구하고 마음이 불편하다는 것은, 결국 내가 제대로 된 투자를 하지 않았음을 무의식중에 시인하는 것입니다.

산업과 기업을 공부하고, 돈을 더 많이 벌 기업을 선정해, 비싸지 않은 가격으로 매수하지 않았다는 것을… 아무에게도 말하지 않았지만 스스로 잘 알고 있다는 뜻입니다. 마음의 불편함은 내 실수를 비추는 거울입니다.

이제 '마음이 편해질 만큼만 덜어내는 것'의 의미도 생각해 보겠습니다. 불편함의 크기는 실수의 크기입니다. 덜어내는 것은 손절을 말하죠. 손절을 하게 되면 손실을 제하고 남은 현금이 수중에 들어옵니다. 현금은 무엇일까요? 또 다른 투자 기회를 확보한다는 뜻입니다.

결국 마음이 편해질 만큼만 주식을 덜어낸다는 것은, 스스로 판단하는 실수의 크기만큼만 손실을 확정하고 새로운 투자 기회를 확보한다는 뜻입니다.

투자의 좋은 점은, 평생 동안 패배하지 않는 오픈 엔드 게임과도 비슷하다는 것입니다. 단기적인 패배는 있겠지만, 수중에 현금이 생기는 한 죽을 때까지 재도전이 가능합니다. 실수를 하고 손실을 입어도 교훈은 남습니다. 그 교훈을 토대로 더 나은 투자자가 됩니다. 그리고 더 나은 투자에 도전할 수 있습니다.

이제 실제로 손실이 난 종목의 비중을 덜어내는 요령에 대해 알아보겠습니다. 실수의 크기만큼 덜어낸다는 개념은 좋지만, 내 실수가 어느 정도인지 알아내는 것도 만만치는 않습니다. 실제 투자에서는 운도 많이 작용합니다.

내가 실수한 것도 있겠지만, 운이 나빴던 것일 수도 있고, 나중에 다시 운이 좋아질 수도 있습니다. 그러다 보니 투자 아이디어 실패를 인정하고 냉정히 손절했는데, 예상치 못한 '좋은 상황'이 찾아와 손절 직후부터 무섭게 오르는 경우도 꽤 많습니다.

결국 손실이 큰 종목의 비중을 덜어낼 때는 두 가지 측면을 고려해야 합니다. 첫 번째는 확보한 현금으로 다시 도전할 새로운 투자 기회입니다. 앞서 설명해 드린 종목 교체와도 비슷합니다만, 완전히 매도하고 새로운 종목으로 전액 교체하는 것과는 차이가 있습니다. '확신의 정도'가 다른 것입니다. 새로 사려는 종목의 기회에 대한 확신이 크지 않다면, 전량 손절은 또 다른 위험을 떠안을 수도 있습니다.

두 번째는 손실 종목에 대한 나의 편견입니다. 이는 투자 아이디어 실패와는 또 다른 문제가 될 수 있습니다. 내가 틀린 건지, 맞는 건지, 운인지 명확한 구분이 안 되고 보유 기간이 길어질 때 발생하는 문제입니다. 대개 이런 상황에서는 스스로에게 유리한 쪽으로 판단합니다. 실제 벌어질 일보다 더 희망적으로 해석할 수 있다는 것이죠. 실제로는 투자 아이디어가 많이 망가졌는데도, 더 빠르게 회복할 것이라고 믿을 때도 있습니다.

특히 손실 종목의 비중이 클수록 편견의 함정도 커집니다. 실패를 인정했을 때 확정되는 피해가 훨씬 크기 때문에, 쉽게 실패를 인정하지 않습니다. 이럴 때는 비중을 조절하는 게 낫습니다. 주가가 얼마나 회복될지의 가능성은 중요하지 않습니다. 맞는지 틀린지 정확한 판단이 어렵다면, 미래 주가 향방도 복불복입니다.

이럴 때는 부정적인 시나리오를 먼저 고려해야 합니다. 만약 아이디어도 틀렸고 주가 회복도 어려운데, 혼자서만 희망 회로를 돌리고 높은 비중으로 버티면 문제가 커집니다. 금액 손실뿐 아니라 시간적 손실, 기회비용의 손실도 곱해서 커지기 때문이죠.

그래서 나쁜 시나리오를 보완하는 수준으로 비중 조절을 해 줘야 합니다. 좀 과감한 사람은 즉시 1/2을 덜어내는 경우도 있습니다. 1/3을 덜어낼 수도 있습니다. 이는 개인차가 있기 때문에 절대적인 정답은 없습니다. 내 심리를 보완하는 비중이 어느 정도인지는 스스로가 가장 잘 알기 때문이죠. 비중을 조절하다 보면 감정의 크기를 스스로 느낄 수 있습니다.

하지만 투자 경험이 많이 부족한 분들, 비중 조절의 경험 자체가 처음인 분들은 이조차도 막막할 수 있습니다. 이런 경우에는 어떻게 해야 할까요? 내 마음도 모르겠고, 내 실수가 어느 정도인지도 모르겠고, 앞으로 어떻게 될지도 모르겠다면?

이럴 때를 위해 분산이 필요한 것이죠. 포트폴리오를 나눌 때처럼, 비중을 조절하는 크기와 비중을 조절하는 시점 또한 분산을 하시면 됩니다. 개인적으로 추천하는 비율이 있습니다. 1/5(20%)의 비율로, 한 달에 한 번 매도하는 빈도로 5개월에 걸쳐 비중을 덜어내는 것입니다.

이런 조절 방법을 추천하는 이유가 있습니다. 특정 종목, 또는 산업의 상황 변화에는 시간이 필요합니다. 업황이 좋아지든 악화가 되든, 또는 대중의 심리가 바뀌든 간에 당장 한두 달 만에 변하지는 않습니다. 또한 투자자 자신의 판단과 관점도 시간이 흘러가며 변할 수 있습니다. 그래서 한 번에 모든 의사결정을 하지 않고 텀을 둘 필요가 있습니다.

기업의 실적 발표 시점도 활용하면 좋습니다. 모든 상장사는 분기마다 실적을 발표하기 때문에 3개월 단위로 구체적인 변화를 확인할 수 있습니다. 실적발표가 이뤄지고 나면 다음 분기의 상황 또한 더 명확하게 그려볼 수 있습니다.

개인의 시점이 변하는 시간, 기업의 상황이 바뀌는 시간, 바뀌는 상황을 학습할 시간 등을 고려했을 때, 5개월 정도 텀을 두는 대응이 좋다고 생각합니다. 중간에 상황이 바뀐다면 그에 따라 남겨진 비중을 유지할 수도 있고, 만약 주가 회복이 가능하다면 섣불리 매도하여 벌어지는 후회도 막을 수 있다고 봅니다.

다소 설명이 길어졌지만, 모두에게 통하는 정답은 없습니다. 투자 심리를 컨트롤하는 것은 스스로 요령을 찾아야 합니다. 보유 종목의 비중을 덜어내고, 덜어내는 시점을 나누는 것은, 최고의 선택은 아닙니다. 하지만 최고의 선택이 뭔지 모르기 때문에 유연하게 대응해야 합니다.

절대적인 답이 없기 때문에 대응을 분산하고 확률을 나누어 행동하는 것입니다. 확률을 나누어 행동하면 큰 불운과 큰 행운을 골고루 취하며 결과를 평탄하게 다듬을 수 있습니다.

일단 나쁜 일이 일어났을 때, 일발 역전을 노리는 것은 또 다른 위험에 빠지는 길입니다. 하지만 장기적인 시점을 가지고 차근차근 행동하는 습관을 들이고 나면, 어떤 풍파에도 살아남는 투자자, 내구력이 높은 투자자가 될 수 있을 것입니다.

CHECK POINT

⊘ 손절의 목적은 심리를 다스리는 것이다.
⊘ 이해가 안 되고 마음이 불편한 종목은 마음이 편해질 만큼 덜어내자.
⊘ 한 방에 손절하지 말고 수개월에 걸쳐 분산 매도를 하자.

실패를 극복하는 주식투자

망친 주식과 기다림의 미학

제 경우는 앞에서 언급한 세 가지 대응법(갈아 타기, 버티기, 손절하기) 중 버티기를 가장 선호합니다. 단기 수익률 측면에서 버티기가 최고의 대안이라고 볼 수는 없습니다. 하지만 개인적으로는 버티기에서 가장 좋은 결과를 얻었습니다. 주식투자에서 기다림은 정말이지 예술에 가깝습니다. 오크 통에서 오랜 시간 발효된 위스키가 높은 가격에 팔리듯, 주식투자도 잘 발효시킬 때 큰 수익으로 돌아올 수 있습니다.

사실 노동으로 돈을 벌어 온 삶에 익숙해져 있으면, 투자 수익의 매커니즘에 적응하기가 어렵습니다. 근로소득을 얻을 때에는 열심히 일한 대가로 돈이 들어오게 됩니다. 동료들에게 내가 일하는 모습이 보여지고, 더 열심히 일하는 노동자가 연봉 인상도 잘 되고 승진의 기회도 늘어납니다.

특히 상사에 의해 평가받는 체계 하에서는 실적을 내기 위해, 혹은 실적을 내는 것처럼 보이기 위해 '뭐라도 하는' 모습이 중요하죠. 회의 때 아무 말이라도 더 던져야 하고, 주변 동료보다 1분이라도 늦게 퇴근해야 합니다.

이런 근로자의 속성에 익숙한 상태에서 투자를 시작하면, '뭐라도 해야' 수익이 더 난다고 생각해 자주 주식을 사고팔게 됩니다. 하지만 이 '뭐라도 하고 보는' 행동이 수익에서 더 멀어지게 만듭니다. 투자의 세계에서는 열 개의 의미 없는 행동보다 하나의 의미 있는 행동이 훨씬 중요합니다. 주식시장에서 보내는 시간을 100%라고 가정했을 때 90% 이상의 시간에 대해, 우리가 할 수 있는 가장 옳은 행동은 '기다리는 것'입니다.

제 종목투자 경험 중 인내와 관련해 가장 큰 배움을 얻은 케이스가 있습니다. 카지노·리조트 기업인 '파라다이스'였습니다. 2016년 여름에 첫 투자를 시작했습니다. 투자 아이디어는 영종도 신규 리조트 건설이었습니다. 새 리조트가 생기고 추가 관광객이 유입되면 매출과 이익이 늘어날 것으로 기대했습니다.

15,000원 무렵부터 관심을 가지기 시작했는데요. 얼마 안 되어 17,000원까지 빠르게 상승하더군요. '더 오르기 전에 사야 해!'라는 생각에 호기롭게 꽤 많은 양을 매수했습니다. 그런데 제가 매수를 하고 2~3주쯤 지났을 때 '사드THAAD 사태'가 터졌습니다.

국방부에서 경북 성주에 배치한 미국의 사드 레이더의 범위가 중국 본토까지 닿는다는 점 때문에, 열 받은 중국의 한한령 제재가 시작되었습니다. 파라다이스 또한 그 제재의 피해주가 되었습니다. 중국 관광객을 노리고 지은 리조트에 중국인이 오지 않는 상황이 되었으니 큰 타격을 입은 것이죠.

-10%, -20%… 손실폭이 커지더니 -30%까지 평가손이 내려갔습니다. 전형적인 '투자 아이디어 실패' 사례였습니다. 그런데 너무 큰 액수가 들어갔기 때문에 손절할 엄두도 나지 않았습니다. 어쩔 수 없이 평가손을 감내하며, 월급 중 남는 돈을 되는대로 계속해서 물타기에 썼습니다.

거의 1년 4개월 동안 물만 타며 기다렸습니다. 첫 매수 후 일주일 정도를 제외하고 이익 구간을 본 적이 없었습니다. 계속 물을 타다 보니 첫 투자금의 두 배 정도로 비중이 불어났습니다. 2018년 여름, 지수가 급락했을 때가 있었는데요. 그때가 최대 고비였습니다.

파라다이스의 주가는 시장과 함께 빠져 12,000원대로 떨어졌습니다. 정말 눈 딱 감고 보유 자금을 더 과감하게 추가 매수에 썼습니다. '에라 모르겠다.' 하는 심정이었던 것 같습니다. 평단가는 14,000

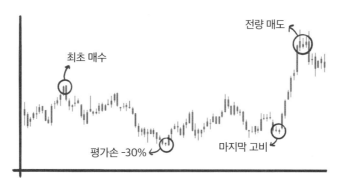

파라다이스 1년 6개월 투자 과정

원 언저리였고, -15% 정도까지 손실폭을 낮춰 놓은 상태였습니다.

그렇게 가을이 되었습니다. 그런데 마치 바람의 방향이 바뀌듯이 사드 사태의 봉합 뉴스가 나오기 시작했습니다. 한중 통화스왑과 관련된 뉴스였습니다. 그 이후부터 주가가 무섭게 치솟더군요. 다 팔고 나왔을 때 수익률은 +80%였습니다.

1년 6개월을 투자했는데 제대로 오른 기간은 한 달 반 정도였습니다. 1년 4개월 이상을 고생했는데, 마지막 짧은 기간 동안 모든 수익이 발생했습니다. 솔직히 운도 좋았습니다. 마음고생이 정말 심했던 종목이었는데, 여기서 배운 중요한 교훈이 있었습니다.

인내심은, 부족한 실력과 불운한 사건을 상당 부분 상쇄시켜 줄 수 있다.

이때의 경험을 바탕으로, 더 큰 위기 또한 극복할 수 있었고 더더욱 큰 수익을 얻게 되었습니다. 현대미포조선은 파라다이스보다 20배 이상 더 많은 금액이 들어간 집중투자 종목이었습니다. 사실상 전 재산 가까이 들어가 있던, 어떻게 보면 인생을 걸고 투자한 종목이었습니다.

이미 보유한 지 2년이 지났을 무렵이었습니다. 오랜 기다림을 끝내고 본격적으로 조선소의 수주 사이클이 시작될 무렵, 코로나 팬데믹이 터졌습니다. 파라다이스 때와 마찬가지로 전혀 예상하지 못한 악재를 만났던 것이죠.

실패를 극복하는 주식투자

모든 종목이 급락에 급락을 거듭한 시기였습니다. 2020년 1월 2,200을 넘어서던 코스피 지수는 두 달 만에 1,400대로 폭락했습니다. 제 종목 또한 예외는 아니었습니다. 손실률로는 -70% 가까이 하락했습니다. 전 재산이 반토막 이하로 떨어진 상황이었습니다.

인내심은, 부족한 실력과 불운한 사건을 상당 부분 상쇄시켜 줄 수 있다.

파라다이스 투자 때 겪은 경험으로, 위 교훈을 다시 상기시켰습니다. 이를 악물고 버티기로 결심했습니다. '얼마나 시간이 걸릴지를 예측하지 못할 뿐 시간이 지나면 해결될 문제다. 기다리면 된다.' 이렇게 마음을 다잡으며, 최대한 침착함을 잃지 않기로 다짐했습니다.

생각지도 못하게, 코스피는 역대급 신규 자금의 유입으로 무서운 V자 반등을 시작했습니다. 몇 달 되지 않아, 꽤 많은 종목이 폭락 이전의 가격대로 돌아갔습니다. 여름이 될 무렵엔 이미 수익권에 접어들었다는 다른 투자자들의 이야기도 들려왔습니다. 하지만 운명은 가혹하죠. 제가 집중투자한 그 종목만, 좀처럼 회복되지 않았습니다.

처음 주식판에 뛰어든 초보 투자자도 큰돈을 벌던 가을 무렵까지도 제 종목만 소외되어 있었습니다. 3월 대비 주가가 어느 정도 회복되었음에도, 10월 말의 손실률은 -30% 수준이었습니다. 그 무렵이 제 주식투자 인생에서 가장 괴로운 시기였습니다. 다들 돈을 버는데 나만 벌지 못하는 소외감 때문이었습니다.

저는 어지간해서는 손절을 하지 않는 성격이지만, 그 순간만큼은 손절하고 싶은 생각이 났습니다. 지금이라도 팔고 다른 주식을 사는 게 낫지 않을까? 내 종목만 이렇게 오르지 않는다면, 내가 뭔가 단단히 착각하고 있는 건 아닐까? 인내심만 믿고 틀린 판단을 하고 있는 것은 아닐까?

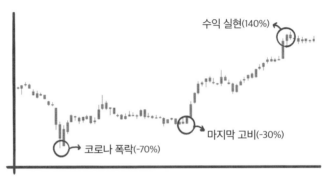

현대미포조선 투자 과정

처음으로 인내심의 가치에 대해 의심했던 그 지점이, 제 종목의 마지막 저점이었습니다. 슬슬 수주량이 올라오면서 조선주들의 주가는 뒤늦은 랠리를 시작했습니다. 제 종목 또한 믿을 수 없는 상승을 거듭했고, 7개월 뒤 일부 물량을 정리할 때의 수익률은 140%가 넘어갔습니다. 그때 매도한 금액으로 집도 살 수 있었습니다. 투자자로서도 가장 크게 성장한 시기였습니다.

인내심은 소중한 가치입니다. 하지만 말 그대로 직접 몸으로 견뎌 봐야 인내심을 얻을 수 있습니다. 파라다이스 투자는 아이디어 측면에서는 실패였지만, 인내심을 가르쳐 준 중요한 교훈이 되었습

　　　　　　　　　　　　　　　실패를 극복하는 주식투자

니다. '보유 기간의 대부분을 손실로 보내더라도 마지막 1/10의 기간에서 전체 수익이 결정된다.'는 진리를 배웠습니다.

그 경험 덕분에, 더 큰 위기도 극복하고 더 큰 수익을 얻을 수 있었습니다. 그래서 초보 투자자들을 만날 때마다 항상 강조 드리는 이야기가 있습니다. 2년 이상 버텨서 손실을 수익으로 바꿔 나오는 경험을 해 보라는 것입니다.

주식을 장기 보유하면 보통 3년 안에는 수익의 기회가 옵니다. 매수할 때 적정 가치에 대한 고민을 했다면, 꿈의 끝자락에서 뇌동매매한 게 아니라면, 결국은 수익이 납니다. 기다리다 보면 내 차례가 돌아옵니다.

하지만 그 기간을 견뎌내는 것은 상상을 초월하는 테스트입니다. 경험이 짧은 초보 투자자들에게 2년 정도면 상당히 긴 시간입니다. 그 사이에 오만가지 생각이 듭니다. 소외감, 자기의심, 절망감… 이런 부정적 감정을 이겨 내고 주식을 홀딩한다는 것은 쉬운 일이 아닙니다.

하지만 딱 한 번만 버텨 보세요. 투자 인생이 달라집니다. 부정적인 감정에 굴복하지 않고 인내한 경험은, 수많은 사람들과 나를 구분 짓는 단단한 경쟁력이 되어 줄 것입니다.

PART
5

다시는 망치지 않으려면
뭘 준비해야 할까?

초보 때부터 미끄러지지 않고 꽃길만 걸었던 투자자는 한 명도 없습니다. 이번에 손해를 봤다고요? 괜찮습니다. 대신 같은 실수를 반복하면 절대 안되겠죠? 어떻게든 수습이 완료되었다면, 앞으로는 어떻게 투자해야 할지를 공부해 보겠습니다.

다시 시작해야 한다,
요행은 없다

어떤 인터넷 유머에서 들은 이야기입니다. 한 여대생이 버스를 타고 학교에 가는 길이었다고 합니다. 그 학생은 전날 술을 너무 많이 마셨고, 피곤과 숙취에 절은 상태였습니다. 따뜻한 햇살이 버스 안으로 쏟아져 들어왔고, 그녀는 버스의 왼쪽 창가에 앉아 꾸벅꾸벅 졸고 있었습니다. 평화로운 시간이었습니다.

문제는 버스 운전기사님의 과격한 좌회전이었습니다. 급한 커브의 원심력을 이기지 못하고, 그녀는 앉아서 졸던 자세 그대로 버스 바닥에 옆으로 쓰러졌다고 합니다. 버스 안에 있던 모든 사람이 깜짝 놀라며 쓰러진 그분을 쳐다보았습니다. 기사님 또한 깜짝 놀라 뒤에서 벌어진 상황을 긴장하며 살피고 있었습니다.

그 여성분이 겪은 가장 큰 감정은 무엇이었을까요? 당황도 고통도 아닌, '쪽팔림'이었다고 합니다. 술이 떡이 되어 앉아서 졸다가 등

곳길 버스 바닥에, 앉은 모습 그대로 쓰러진 여대생. 그리고 그녀를 바라보는 나머지 모두의 시선. 어떻게 할지 고민에 고민을 거듭하다가… 그냥 그 자리에서 계속 자는 척을 했다고 합니다. 정말 슬픈 이야기입니다.

우스운 일이긴 하지만, 인간에게 '쪽팔림'이라는 감정은 그토록 강합니다. 당연합니다. 우리는 사회적 동물이니까요. 문제는 그 쪽팔림의 감정이 너무 강하기 때문에, 더 합리적인 행동을 거부한다는 것이죠. 버스에서 넘어졌으면 다시 일어나 자리에 앉으면 됩니다. 하지만 '너무 부끄러우니' 계속 누워서 자는 척을 한 것입니다. 충분히 그럴 수 있습니다.

쪽팔림의 기저에는 '자책감'이 숨어 있습니다. 타인의 시선 자체는 쪽팔림의 원인이 아닙니다. 다른 사람의 시선을 초래한, 자신의 실수에 대한 수치심이 쪽팔림의 근원입니다. 그래서 쪽팔릴 때는 1차적으로 자책감에서 해방되어야 합니다. 뭐 살다 보면 술이 덜 깬 아침에 버스 한가운데로 넘어질 수도 있잖아요? 아마 넘어졌던 그분도 지금쯤은 웃어넘기고 잘 사시리라 믿습니다.

투자도 마찬가지입니다. 하다 보면 넘어질 수 있습니다. 크게 넘어질 수도 있습니다. 전날의 과음이 스스로 한 선택이듯, 망친 투자도 스스로의 선택입니다. 하지만 자책감에 지배되어서는 안 됩니다. 조금 아프고 부끄럽더라도 다시 일어나 투자자의 궤도로 돌아와야 합니다.

자책감에 지배되면, 일어나야 할 때 일어나지 않고 엎어진 자리에서 움직이지 않습니다. 계좌를 방치하고 손을 놓는 것이죠. 팔지도 않고, 사지도 않고, 판단도 하지 않는… 그렇게 몇 년을 허비해 버립니다.

운이 좋으면 반토막 났던 주식이 5년에서 10년쯤 뒤에 본전을 찾을 수도 있습니다. 하지만 그 사이에 아무런 배움도 남지 않습니다. 능동적인 홀딩과 수동적인 방치는 엄연히 다릅니다. 설령 팔지 않고 버티더라도 버텨야 할 이유를 공부해야 하고, 팔지 않겠다는 판단을 스스로 내려야 합니다. 겉보기엔 같아 보여도 전혀 다른 행동입니다.

한편, 정반대의 상황도 있습니다. 버스에서 넘어졌을 때를 다시 떠올려 볼까요? 어떤 분들은 넘어진 사실이 너무 쪽팔려서, 0.1초도 안 되어 벌떡 일어납니다. 마치 넘어진 사실이 존재하지 않았다는 듯이 오버해서 일어납니다. 너무 빨리 일어나다 보니 오히려 사람들의 시선을 더 끌고 비웃음을 사게 됩니다.

투자에서도 이런 모습이 드러나죠. 내 실수를 인정하기 어렵기 때문에 더 빨리 만회하고 싶어합니다. 왜 돈을 잃었는지 곰곰이 그 이유를 찾아볼 틈도 없이, 빛의 속도로 손절하고 또 다른 주식에 덥석덥석 올라탑니다. 당연히 그 결과는 또 다른 손실로 이어집니다. 손실의 환승을 한 것이죠. 마음이 조급하면 서둘러 행동하고, 서둘러 행동하면 실수를 만듭니다. 실수는 어김없이 손실로 이어집니다.

넘어졌으면 자연스럽게, 천천히 일어나세요. 투자도 보행도 동일합니다. 너무 벌떡 일어나지도 말고, 엎어진 채로 멈추지도 마세요. 좀 부끄러워도 괜찮습니다. 자연스럽게 그냥 천천히 일어나 툭툭 털고, 다시 가야 할 길을 묵묵히 가면 됩니다. 현실을 받아들이는 의연

함이, 스스로를 우습게 만들지 않는 가장 확실한 길입니다.

투자에서 손실이 생겼을 때, 너무 빨리 해결하려고 하지 마세요. 포기하고 방치하지도 마세요. 침착하게 수습하고 나서, 앞으로는 어떻게 해야 할지 고민하면 됩니다. 그리고 되도록이면 향후의 투자는 철저히 정석대로 가야 합니다. 정석을 따르면 다시 넘어지지 않습니다. 실패하지 않습니다.

CHECK POINT

⊘ 투자를 망쳤다고 자책에 빠져 멈추면 안 된다.
⊘ 투자를 망쳤다고 서둘러 움직여도 안 된다.
⊘ 침착하게 수습하고 나서, 다음에 잘하면 된다.

실패를 극복하는 주식투자

프로세스 따르기

앞서 욕심에 대한 이야기를 했었는데요. '대가를 치르지 않는 욕심은 파국이다.'라는 말 기억나시나요? 이번에는 구체적으로 어떤 대가를 치르며 투자를 해야 하는지 이야기해 보겠습니다. 투자에서 잃지 않기 위해 치러야 하는 필수적인 대가는 바로 프로세스process입니다.

프로세스를 통해 돈을 버는 대표적인 사례는 바로 기업활동입니다. 기업은 돈을 받고 팔기 위한 서비스나 물건을 만들기 위해 프로세스를 지킵니다. 프로세스를 지킴으로써 '일정한 품질'을 유지합니다. 덕분에 소비자는 기업을 믿고 계속해서 구매를 하고, 기업은 계속해서 수익을 창출합니다.

'계속'이 중요합니다. 투자로 돈을 벌 때도 운 좋게 한 번 벌고 끝이 아닙니다. 계속해서 돈을 버는 것이 목표입니다. 수익이 수익을 부르고 눈덩이처럼 자산이 불어나는 것을 원합니다. 투자자가 수익을 내는 능력을 일정하게 유지하기 위해서는, 기업이 제조 프로세스를 따르듯 투자 프로세스를 따라야 합니다.

큰 덩어리에서, 일반적인 형태의 투자 프로세스는 아래와 같습니다.

1. 아이디어 발굴
2. 아이디어 검증
3. 투자 집행
4. 투자 복기

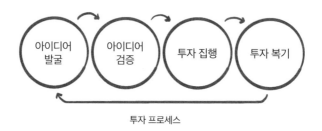

투자 프로세스

이제 세부적인 프로세스의 내용을 알아보겠습니다.

1. 아이디어 발굴

아이디어 발굴 단계에서 우리는 보고 들을 수 있는 모든 정보를

실패를 극복하는 주식투자

활용합니다. 실로 많은 곳에서 투자 아이디어를 얻을 수 있습니다. 뉴스, 사업보고서, 증권사 산업 리포트, 기업 리포트, 텔레그램, 블로그, 주식 스터디에서 다른 사람이 언급한 종목, 마트에서 발견한 잘 팔리는 물건 등등…

사실 우리의 귀에 들어오는 종목의 숫자는 하루에도 수십 수백 개가 될 수 있습니다. 하지만 모든 정보가 수익을 주는 '투자 기회'는 아니죠. 귀에 들리는 모든 종목이 상승한다면 과연 누가 손실을 볼까요? 그래서 아이디어를 발굴할 때 가장 중요한 것은 수많은 정보 중에서 수익의 기회를 '걸러 내는 능력'입니다.

투자를 오래 하다 보면, 수익의 기회가 직관적으로 다가오는 경우가 있습니다. 보통은 예전에 공부를 했던 종목, 투자한 경험이 있는 종목들이 '매수하기 좋은 가격대'에 온 것을 확인할 때입니다. 그런 경우 더 깊은 공부를 하지 않고 매수해도 괜찮은 수익을 낼 수 있습니다.

하지만 초보 투자자라면? 이런 경험이 있을 리 없죠. 어떤 정보를 접하자마자 즉각적인 매수 기회로 전환하는 것은 불가능합니다. 그래서 초보들은 반대로 접근할 필요가 있습니다. 매수 기회를 걸러 내는 게 아니라 손실의 함정을 걸러 내는 것이죠.

손실의 위험이 도사리는 정보는 두 가지 느낌을 줍니다. 첫 번째는 '이건 사면 안 되겠구나.' 하는 '무서움'입니다. 두 번째는 '사도 될지 아닐지 모르겠다.'는 '막연함'입니다. 무섭거나 막연하면 건너뛰면 됩니다. 잘못된 투자 기회를 우선적으로 걸러 내고, 남는 종목들부터 공부하는 것입니다.

2. 아이디어 검증

걸러 낸 종목이라고 바로 매수하면 안 됩니다. 우선 '공부'부터 해야 합니다. 추려낸 관심 종목에 대한 검증의 시간을 거치는 것이죠. '좋아, 이 종목은 관심이 좀 생기네. 하지만 정말 사도 되는 걸까? 지금 가격에 사도 되는 걸까? 아니면 더 싸질 때까지 기다려야 할까? 얼마 정도면 사도 될까?' 이런 판단을 내리기 위한 과정입니다.

아이디어를 검증하기 위해 다양한 방법으로 종목(기업)을 분석할 수 있습니다. 사업보고서를 깊게 읽으며 확인할 수도 있고, 재무제표를 통해 정량적인 부분을 분석할 수도 있습니다. 다른 투자자나 애널리스트들의 분석을 참고할 수도 있고, 뉴스를 검색해 트렌드와 업황을 체크할 수도 있습니다. 더 궁금한 게 있다면? 회사에 전화해서 직접 물어볼 수도 있습니다.

미래에 일어날 상황들을 가정해 현재 주가와 비교하며 오를 종목인지 판단해야 합니다. 과거와 현재의 실적, 미래의 실적을 감안해 오를 수 있는 주가 수준과 지금의 주가를 비교하는 밸류에이션도 거쳐야 합니다.

미래에 좋아질 부분이 지금 주가에 너무 많이 반영이 되었다면 굳이 지금 살 필요가 없습니다. 생각지도 못하게 주가가 빠지며 새로운 매수 기회가 올 수도 있으니까요. 일단 얼마에 매수할지 본인만의 기준을 잡아야 합니다. 그러면 제대로 된 기회가 왔을 때 과감히 베팅할 수 있습니다.

실패를 극복하는 주식투자

3. 투자 집행

1번과 2번의 심사숙고 과정을 거치고 나야, 비로소 매수할 자격이 생깁니다(자격 없이 매수했다가 낭패를 보는 분들이 너무 많죠). 사전에 계획한 적정 매수 가격대에 주식을 사야 합니다. 그냥 되는 만큼 사는 게 아닙니다. 매수 가격뿐 아니라 매수할 규모도 정합니다. 내가 가진 총 자본 대비 어느 정도까지 돈을 쓸 것인가? 비중에 대한 계획도 필요합니다. 바로 포트폴리오 계획입니다.

까다롭게 매수하고 나서 가만히 두면 될까요? 아니죠. 내가 예상한 대로 흘러가는지 모니터링을 해야 합니다. 실적을 발표할 때마다 체크하고, 중간중간 발표되는 통계 지표가 있으면 그것도 참고합니다. 보통은 애널리스트 분들이 담당 섹터에서 필요한 지표들을 미리 확인해 알려주곤 합니다. 그런 것들도 활용하면 편합니다. 그 외에도 뉴스 등 미디어를 확인하며 내 기업이 잘 해나가는지 지켜봐야 합니다.

4. 투자 복기

이렇게 사전에 준비를 하고 프로세스를 따르는 투자의 결과는 어떠할까요? 그렇지 않은 사람들보단 백배 천배 낫습니다. 그럼에도 불구하고, 프로세스를 따른 투자가 반드시 수익이 난다는 보장은 없습니다. 때때로 내 아이디어가 틀릴 수도 있으니까요. 아무리 열심히 시험공부를 했더라도 문제를 틀릴 수 있습니다. 열심히 공부한 투자자도 손실이 날 수 있습니다. 그건 인정해야 합니다.

하지만 괜찮습니다. 틀려서 손실이 나도 배우는 게 있으면 됩니다. 내 아이디어가 맞아서 수익이 났다면? 거기서도 배움을 건져야합니다. 정확히 어떤 과정을 통해 수익이 났는지, 또는 손실이 났는지 복습을 해야 합니다. 이런 행위가 바로 '투자 복기'입니다.

투자 건이 마무리되어 매도를 하고 나면, (수익이건 손실이건) 반드시 확인해야 하는 부분이 있습니다. 투자의 최종 결과를 카테고리화하는 것입니다. 단타든 장투든 물타기든 불타기든 모든 투자의 종착역, 투자의 결과는 딱 네 가지 카테고리로 나누어질 수 있습니다.

성공과 실패, 그리고 행운과 불운입니다. 이 네 가지를 벗어나는 결과는 없습니다. 성공은 내 아이디어가 맞아떨어져 수익이 난 경우입니다. 실패는 아이디어가 틀려서 손실이 났을 때겠죠? 그런데 행운과 불운은 무심코 넘어가는 경우가 많습니다. 내 아이디어랑 상관없이 운이 좋아서 수익이 나기도 하고, 운이 나빠서 손실이 나기도합니다.

예를 들어 볼까요? 어떤 주식이 테마를 타서 급등하는 경우입니다. 원래는 전혀 다른 아이디어로 투자한 주식이 정치인 테마를 타거나, 당시의 핫한 테마와 엮여 급등했다가 급락을 하는 경우가 있습니다. 이때 급등을 만나 운 좋게 비싼 가격에 매도를 했다면? 그것은 실력이 아니라 '운'입니다.

반대로 제대로 분석하고 아이디어를 세웠는데 예상치 못한 사건(코로나 팬데믹 같은)이 생기거나 정부에서 갑자기 정책을 바꿀 때도 있습니다. 이 경우 내 실력과 상관없이 손실이 발생할 수도 있습니다.

행운이 준 수익과 불운이 준 손실은 크게 연연하지 않아야 합니다. 다음에 같은 결과가 나올 수 없기 때문입니다. 이런 행운과 불운까지 제대로 구분할 수 있어야 진짜 복기가 됩니다.

성공/실패/행운/불운을 구분하고, 성공한 방법은 계속 활용합니다. 실패한 사례는 되도록 피해갑니다. 그러면 다음에는 더 나은 투자를 할 수 있고, 승률을 높일 수 있습니다. 그렇게 더 현명한 투자자로 거듭나는 과정이 바로 투자 복기 단계입니다.

이렇게 프로세스를 이해하고, 프로세스를 따르면 가장 중요한 '투자 실력'을 얻을 수 있습니다. 시간이 가면 갈수록 내공이 쌓이는 것이죠. 점점 더 성과가 좋아지고, 결과적으로 자산도 불어납니다. 다음 장에서는 이런 프로세스의 구체적인 실천법을 조금 더 다루어 보겠습니다.

⊘ 기업이 프로세스로 돈을 버는 것처럼, 개인도 투자 프로세스를 가져야 한다.
⊘ 기본 프로세스 : 아이디어 발굴→아이디어 검증→투자 집행→투자 복기
⊘ 프로세스를 지키다 보면 투자 실력이 쌓인다.

유니버스 구축하기

앞서 '갈아 타기' 챕터에서 교체매매에 관한 이야기를 했는데요. 망친 종목을 손절하고 새로운 종목으로 갈아 타려면, 최소 10개 이상의 교체매매 후보군이 있어야 한다고 말씀드렸습니다. 충분한 숫자의 상대평가군이 없다면 쓰레기통에서 뛰쳐나와 또 다른 쓰레기통으로 다이빙을 할 수도 있으니까요.

그렇다면 10개 정도의 '후보 종목'이 있다는 말은 무슨 뜻일까요? 후보를 뽑기 위한 후보의 후보들 또한 열 배는 있어야 합니다. 10개 종목에 대해 '매수를 고려'한다면, 못해도 100개 정도의 기업은 분석해 보아야 합니다.

하루에도 수십 수백 개의 종목과 투자 아이디어가 미디어에 쏟아지는데요. 이 모든 종목이 수익이 난다면 주식이 어려울 리가 없겠죠? 손실의 위험은 적고 수익의 가능성이 큰 투자 기회는 자주 오는 게 아닙니다. 수많은 정보 중에서 기회를 걸러 내는 것은 매우 중요합니다.

그렇다면 100개 정도의 기업을 '제대로' 분석하려면 시간이 얼마나 필요할까요? 꼼꼼히 한다면 못해도 2년은 걸립니다. 저는 초보 투자자들에게 현실적인 스케줄을 추천합니다. 일주일에 1개 종목씩 분석하는 루틴입니다. 하루에 한 시간씩, 일주일에 한 종목씩. 그렇게 1년을 공부하면 52개 종목이 쌓입니다. 여름에 한 번 겨울에 한 번, 휴가도 가야겠죠? 그러면 1년에 50개, 2년이면 100개 종목이 만들어집니다.

증권사 리서치센터, 펀드매니저 등 제도권 투자자들은 이렇게 분석을 한 종목군을 '투자 유니버스'라고 부릅니다. 기회가 왔을 때 바로 투자할 만한 종목을 미리 공부해서 발굴해 놓는 것이죠. 개인 투자자들도 똑같은 방식으로 자신만의 유니버스를 만들면 됩니다. 프로들처럼 체계적인 투자를 할 수 있습니다.

밑도 끝도 없이 아무나 추천한 종목을 덥석 사면 안 됩니다. 그렇게 하면 평생 아마추어를 벗어나지 못합니다. 스스로가 공부하고 납득한 후보군들 중에서, 지금 이 순간 가장 좋은 투자기회로 판단되는 종목을 사는 것이죠. 만약 이런 공부를 5년 정도 이어 가면 어떻게 될까요? 못해도 아는 종목이 250개 정도는 될 것입니다(공교롭게도, 2022년 현재 기준 코스피 코스닥 상장 종목수가 2,500개 정도 됩니다). 우리나라의 모든 종목에서 10%의 후보 선수를 골라 놓은 것이죠.

그렇다면 일주일에 한 개 종목은 어떻게 분석해야 할까요? 투자자들마다 다양한 스타일이 있겠지만, 꼭 들어가야 하는 내용들이 있습니다.

사업 모델/재무 분석/투자 아이디어/적정 매수가격

사실 위 내용을 미리 공부하지 않았다면 주식투자 자체를 해서는 안 됩니다. 그럼에도 일단 샀다가 낭패를 본 분들은 심호흡을 하시고, 찬찬히 살펴보시면 됩니다. 세부적인 내용을 살펴볼까요?

사업 모델

흔히 BM_{Business Model}이라고 하는, 기업이 돈을 벌기 위해 '뭘 파는지'에 대한 이해입니다. 삼성전자는 기업에게 반도체를 팔고, 개인에게는 가전제품을 팔죠. 팔기 위해 필요한 비용이 어디서 나가는지, 판가(판매 가격)는 얼마에 책정되어 있는지도 알아야 합니다. 흔히 Price, Quantity, Cost를 줄여서 PQC라고 부르는 돈벌이를 위한 구성요소들을 파악하고, 그 변화를 추적하는 공부입니다.

재무 분석

위에서 말한 PQC의 변화를 알려 주는 가장 객관적인 정보들이죠. 흔히 '실적'이라고 부르는 기업의 분기별 성적표도 확인해야 합니다. 매출액, 영업이익, 당기순이익을 확인하는 게 기본입니다. 그 외에 빚은 얼마나 지고 있는지, 이자는 얼마나 내고 있는지, 현금 흐름은 어떠한지 등등 각종 숫자를 확인하는 공부입니다.

실패를 극복하는 주식투자

투자 아이디어

여러 번 강조했죠? 특정 기업의 주가가 오를 만한 확실한 이유, 누구나 공감할 수 있는, 하지만 아직 일어나지 않은 일에 대해 정의하는 것입니다. 업황의 변화, 제도의 변화, 소비 트렌드의 변화 등으로 인해 가까운 미래에 일어날 상황, 그 상황이 언제쯤 발생할지, 혹시 그 상황이 일어나지 않을 위험 요소는 무엇인지 등을 작성해야 합니다.

적정 매수가격

앞서 밸류에이션에 대해 설명을 드렸습니다. 밸류에이션을 해서 기업의 적정 가치를 대략적으로 구한 후, 지금 주식을 살지 말지를 결정해야 하는데요. 적정 가치보다 훨씬 싸다면 매수를 고려할 수 있겠죠? 만약 지금 가격이 싸지 않다면 당장 사는 게 아니라 살 만한 가격대가 올 때까지 기다려야 합니다. 그렇다면 얼마 정도에 매수가 가능할지도 미리 시나리오를 만들어 둬야겠죠?

일주일에 한 개 기업에 대해 위 내용을 조사하고 정리하면 됩니다. 주 초반과 중반, 그리고 후반에 할 공부를 나눠 두면 좋습니다. 우선 초반에는 어떤 기업을 공부할지 선정해야겠죠? 그리고 중반에는 기업 자체에 대해 세밀하게 분석한 후, 주말에 투자할지 말지를 결정하면 됩니다. 이런 흐름에 따른 주 1회 기업 분석의 예시 루틴을 보여 드리겠습니다.

월	화	수	목	금	토	일
공부할 기업 정하기	기업 분석자료 찾기	사업 보고서 읽기	관련 뉴스 검색하기	재무제표 분석하기	투자 아이디어 작성하기	매수 여부 결정하기

요일별 공부 루틴

월요일 : 공부할 기업 정하기

다양한 자료들을 읽어 보며, 그 주에 공부하고 싶은 기업을 선정합니다.

화요일 : 기업 분석자료 찾기

애널리스트 리포트, 블로그 분석글 등 해당 기업에 대해 다른 사람들이 작성한 의견을 찾아봅니다.

수요일 : 사업 보고서 읽기

분기마다 발행되는 상장 기업의 보고서를 읽고, PQC의 구성과 산업의 업황, 향후 전망 등을 확인합니다.

목요일 : 관련 뉴스 검색하기

기업과 관련된 뉴스, 특히 주가가 크게 올랐거나 빠졌을 때 어떤 뉴스가 있었는지 확인해 봅니다.

금요일 : 재무제표 분석하기

사업보고서 증권 관련 사이트에서 해당 기업의 과거 실적과 재무

상태를 확인합니다.

토요일 : 투자 아이디어 작성하기

주중에 공부한 내용을 토대로, 이 기업을 사야 할 이유를 단순명료하게 정리합니다.

일요일 : 매수 여부 결정하기

미래 실적을 고려해 기업의 적정 가치를 구해 보고, 현재 주가와 비교해 매수해도 좋은 가격인지 확인합니다.

이런 루틴을 통해 한 주에 하나씩, 내가 아는 기업을 늘려 가면 막막함이 많이 사라질 것입니다. 그리고 1년에 두세 번 정도는 좋은 투자 기회를 찾아낼 수 있을 것입니다.

사실 1년에 두세 종목만 잘 발굴해도 충분한 수익을 낼 수 있습니다. 수백 종목을 샀다 팔았다 하면서 작은 수익과 작은 손실을 반복하기보다는, 제대로 된 투자 기회에서 제대로 수익을 내는 게 훨씬 효과적입니다. 사면 안 되는 상황에서 사지 않기 때문에, 손실을 방지할 수 있기 때문이죠.

개별 종목을 공부하는 방법도 중요하지만, 흔히 섹터라고 부르는 산업군에 대한 전반적인 이해도 필요합니다. 삼성전자와 하이닉스는 반도체 섹터입니다. 네이버와 카카오는 IT 섹터입니다. 현대건설과 GS건설은 건설 섹터입니다. JYP와 SM은 엔터테인먼트 섹터입니다.

개별 기업을 공부할 때, 특정 기간에는 관련 섹터의 기업을 몇 개씩 집중해서 분석하면 좋습니다. 어느 정도 산업이 이해가 되었다면 다른 관심 산업으로 넘어가는 것이죠. 이런 식으로 기업 공부가 누적됨과 동시에, 이해하는 산업군의 숫자도 늘리면 더 효과적입니다. 이후에는 케이스 스터디를 통해 우리나라 산업군의 대략적인 구성을 알아보겠습니다.

마지막으로 중요한 것은, 이 모든 공부 과정을 한눈에 볼 수 있는 나만의 기록 저장소를 만드는 것입니다. 어디에 기록하는지는 중요하지 않습니다. 블로그를 써도 되고, 내 컴퓨터에 저장해도 되고, 구글 드라이브 같은 클라우드에 저장해도 됩니다. 에버노트Evernote나 노션Notion 같은 툴을 쓸 수도 있습니다. 종이 노트에 정성들여 적어도 됩니다.

대신 언제든 바로 꺼내서 확인할 수 있는 공간이어야 합니다. 그리고 개별 종목을 단편적으로 늘어놓기보다는 카테고리를 만들어야 합니다. 앞서 말씀드렸듯이 산업별로 폴더를 만들면 쉽겠죠? 이렇게 해서 나만의 자료실, 나만의 투자 유니버스를 만들어 놓으면 훨씬 체계적인 투자를 할 수 있을 것입니다.

기억하세요, 수익은 체계적 투자에 대한 결과일 뿐입니다.

실패를 극복하는 주식투자

CHECK POINT

⊙ 100개 정도의 기업은 공부를 해 봐야 투자 후보를 추려낼 수 있다.

⊙ 일주일에 한 개씩 공부를 한다면 2년 뒤에는 100개가 쌓인다.

⊙ 산업별로 구성된 기업을 집중적으로 공부하자.

⊙ 공부한 기록은 한곳에 모아서 보관하자.

대한민국 주식시장의 주요 섹터들

투자 유니버스를 구축하는 과정에서 짚고 넘어가면 좋은 게 있습니다. 바로 주식시장을 구성하는 섹터를 이해하는 것입니다. 세상을 움직이는 경제활동은 다양한 카테고리를 가지고 있습니다. 제조업도 있고 서비스업도 있습니다. 또는 수출산업과 내수산업으로 나눌 수도 있습니다. 판매 주체가 기업인지 최종 소비자인지에 따라 B2BBusiness to Business와 B2CBusiness to Customer로 나눌 수도 있습니다. 개별 특징을 토대로 기업이 속한 '산업군'을 정의할 수 있습니다.

'섹터'는 사실 투자자들을 위한 분류 체계입니다. 상장된 종목들을 카테고리로 구분 짓는 섹터는 순수한 의미의 산업군과는 약간 다르기도 합니다. 분류 주체에 따라 섹터의 구분법이 달라지기도 합니다. 가령 네이버 금융 서비스에서 국내 주식시장을 나눈 섹터 카테고리는 거의 80개가 됩니다. 다른 곳에서는 100여 개 정도로 나누기도 하고, 좀 더 뭉뚱그려서 20~30개 정도로 크게 나누기도 합니다.

이 책의 독자님들이 본격적인 업종 공부를 하기 전에, 맛보기로 주요 섹터 일부를 정리해 보았습니다. 생략된 섹터도 있고, 일반적인 분류 기준과 약간 다를 수도 있습니다(가령 우리나라에서 주식투자를 할 때 많이 언급되는 섹터로 제지나 폐기물이 있는데요. 대표적인 니치 산업이라 제가 구분한 기준에선 빠져 있습니다). 업종 자체가 생소한 초보 투자자들에게 쉽게 이해되는 것을 목적으로 한 분류입니다. 가볍게 읽어 보시

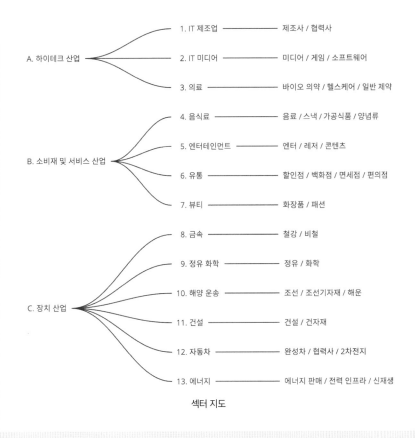

섹터 지도

고, 나중에 별도로 업종 공부를 할 때 도움이 되셨으면 합니다.

A. 하이테크 산업

IT 제조업/IT 미디어/의료

하이테크 산업은 기술적 난이도가 높거나, 높은 교육을 받은 인재가 필요한 업종입니다. 진입 장벽이 높기 때문에 PER 밸류를 높게 받기도 하죠. 우리나라가 의외로 강한 종목군입니다.

1. IT 제조업 : 제조사/협력사

IT 제조업의 시작과 끝은 '반도체'입니다. 다른 건 몰라도 반도체만큼은 우리나라의 위상이 매우 높습니다. 대표적인 기업이 삼성전자입니다. 반도체는 우리나라 시총에서 차지하는 비중도 높은 거대한 산업군입니다.

삼성전자와 하이닉스 같은 완성품 제조사뿐 아니라 수많은 협력사도 하나의 업종으로 볼 수 있습니다. 뉴스에 자주 나오는 소부장(소재, 부품, 장비)을 납품하는 회사들, 반도체를 조립하는 회사들, 반도체의 품질을 검사하는 회사들 등 복잡한 공정만큼이나 개입된 기업도 많습니다.

그 외에도 반도체를 탑재한 소비자향 가전제품을 만드는 회사들도 있습니다. 하지만 반도체 산업 자체의 크기에 비하면 소소한 수준입니다. 가장 큰 예시로는 생활가전의 강자인 LG전자나 삼성전자의 가전 사업부를 들 수 있겠죠. 그 외에도 셋톱박스, 블랙박스, 엔터테인먼트 기기 등을 만드는 크고 작은 회사들이 있습니다.

2. IT 미디어 : 미디어/게임/소프트웨어

IT 미디어 회사들과 IT 제조업의 가장 큰 차이는 '소프트웨어 기반'이라는 점입니다. 대표적인 미디어 기업은 네이버와 카카오 같은 회사입니다. 다양한 형태의 온라인 미디어 서비스를 소비자들에게 제공하고 광고 등으로 수익을 내는 모델입니다.

게임회사는 익숙하실 것입니다. 우리나라의 게임회사들은 글로벌 인지도가 높은 편은 아니지만, 나름대로 게임 개발 역량이 뛰어난 편입니다. 내수 시장의 규모도 작지 않죠. 기획과 개발을 통해 신작 게임을 출시하고 유저들의 결제에서 수익을 창출하는 회사들입니다.

게임회사 외에도 다양한 IT 소프트웨어를 제작하는 회사들이 있습니다. 단 아직은 대형화된 소프트웨어 기업이 많지 않습니다. 자원관리, 보안솔루션, 결제솔루션 등 다양한 B2B/B2C 소프트웨어를 만드는 회사들이 포진해 있습니다.

3. 의료 : 바이오 의약/헬스케어/일반 제약

사람들의 건강을 책임지는 기업은 진입장벽이 높습니다. 고등교육을 받은 인력이 필요한 대표적 산업이죠. 입시생의 대학 진학에서 의료계통의 선호도가 높아지며, 길지 않은 기간 동안 크게 성장한 산업군이기도 합니다.

바이오는 대표적인 고부가가치 산업이죠. 신제품 개발의 기대감이 있다면 흑자를 내지 않아도 큰 주가상승이 일어나는 섹터입니다. 반대로 개발이 성공하지 못하거나 개발된 약이 흥행하지 못하면 주가 하락도 큰 편이죠. 셀트리온, 삼성바이오로직스 같은 바이오시밀러 기업은 대한민국 제조업 DNA를 이식받은 대표적인 미래산업입니다. 그 외에도 특정 질병을 위해 신약을 개발하는 크고 작은 기업들이 존재합니다.

헬스케어 업종은 의료용 기기, 의료용품 등을 제조합니다. 이 업종은 개발의 난이도가 높은 반면 소형화된 기업이 많은 영역입니다. 치과, 정형외과, 성형외과, 진단 등 세분화된 진료 영역에 특화된 기업들이 포진해 있습니다.

최근 들어 급격히 발전한 바이오나 헬스케어 업종과는 달리, 국내 시장을 중심으로 긴 업력을 쌓아 온 크고 작은 일반 제약사들도 존재합니다. 두통약, 변비약, 우울증약, 수액제 등 오랜 시간 이용된 의약품을 제조하던 기업들입니다. 특화된 제품으로 오랫동안 매출을 일으킨, 수명이 길지만 시가총액은 크지 않은 제약사들이 많이 있습니다. 간혹 신약 개발과 기존 약의 판매가 합쳐진 대기업형 제약사들도 볼 수 있습니다.

B. 소비재 및 서비스 산업

음식료/엔터테인먼트/유통/뷰티
최종 소비자라고 볼 수 있는 일반인들에게 서비스나 제품을 직접

판매하는 기업들이며, 내수 고객을 단단히 확보한 상태에서 해외 확장을 시도하는 업종들입니다. 일반인 투자자들이 수시로 사용하는, 브랜드명이 익숙한 기업들이 많습니다.

4. 음식료 : 음료/스낵/가공식품/양념류

매일 먹고 마시는 익숙한 브랜드가 음식료 섹터에 많습니다. 음식료는 말 그대로 음료와 식료품이죠. 음료는 술, 물, 커피, 우유 등 각종 마실 거리를 만드는 회사들입니다. 그 외에도 과자와 스낵을 주력으로 만드는 회사들이 있고요. 간편식으로 대변되는 각종 가공식품을 만드는 회사들도 있습니다.

음식료 업종의 특징은, 업력이 매우 길다는 점입니다. 하루도 빠지지 않고 소비를 하는 대표적인 필수 소비재이기 때문에 한 번 안착되면 꾸준히 살아남을 수 있죠. 매출은 꾸준하지만 곡물 등의 원재료 가격에 따라 수익성이 변하기도 합니다.

5. 엔터테인먼트 : 엔터/레저/콘텐츠

먹고 나면 뭐하나요? 놀죠. 사람들의 여가 시간을 채워주는 기업들도 있습니다. 2차, 3차 소비를 책임지는 만큼 수익성이 좋은 사업들도 많습니다. 대표적인 섹터가 엔터입니다. 우리나라는 말하자면 아이돌 수출강국이죠. YG, SM, JYP, 하이브 같은 연예기획사들은 내수를 넘어 본격적으로 해외 진출의 성과를 내고 있습니다.

레저 업종은 좀 더 액티브한 여가를 돕는 기업들로 구성됩니다. 대표적인 게 여행 섹터라고 볼 수 있죠. 좀 더 확장하면 여행을 가능하게 하는 항공 섹터도 꼽을 수 있습니다. 코로나 사태로 인해 죽다 가 겨우 살아나고 있는 곳입니다. 여행과 항공 외에도 외국인 관광 객을 노리는 카지노 업체들도 포함할 수 있습니다.

콘텐츠 기업은 어떤 게 있을까요? 또 다른 코로나 피해주였던 영 화 섹터를 들 수 있죠. 하지만 영화 외의 콘텐츠 기업은 나쁘지 않았 습니다. 방송이나 웹툰처럼 모바일 기기로 쉽게 소비하는 개인화 콘 텐츠 섹터는 코로나 사태로 수혜를 입기도 했습니다. 아이디어와 기 획력으로 히트 상품을 만들면 크게 성공할 수 있는, 대표적인 흥행 산업입니다.

6. 유통 : 할인점/백화점/면세점/편의점

수많은 소비재가 실제 소비자의 손에 들어오기까지의 유통을 돕 는 회사들도 있습니다. 할인점은 우리가 흔히 가는 대형마트를 의 미합니다. 가까운 거리에 있는 편의점에서 필요한 물건만 사기도 하 죠. 일상적으로 소비하는 할인점과 편의점은 경기의 영향을 덜 받습 니다. 대신 유통마진을 낮게 책정하기 때문에 이익률이 높지는 않습 니다.

반면 백화점이나 면세점처럼 필수 소비가 아닌 레저 성격의 소비 활동을 돕는 유통사도 있습니다. 백화점의 경우는 내수 소비 경기의 영향을 받는 편입니다. 반면 면세점의 경우 들어오고 나가는 해외여 행객의 영향을 많이 받습니다. 또 다른 코로나 피해주였죠.

재미있는 점은, 유통사들이 특정 유통망에 의존하지 않고 다변화 시키려는 노력을 한다는 점입니다. 이마트가 할인점에서 탈피해 편의점에 진출하기도 했죠. 현대백화점은 백화점에서 면세점으로, 호텔신라는 호텔 사업에서 면세점으로 비즈니스를 확장한 케이스입니다. 반면 롯데쇼핑처럼 백화점, 할인점, 면세점을 골고루 보유한 회사도 있습니다.

7. 뷰티 : 화장품/패션

사람들은 소비를 하러 나가기 위해서도 소비를 합니다. 남녀노소 구분 없이 스스로를 멋지게 보이도록 노력하죠. 화장품의 경우 2010년대 중반에 중국 시장에서 좋은 성과를 보이며 엄청난 상승을 기록한 적이 있습니다. 여행·레저 업종과 함께 대표적인 중국 관련주로 분류되었죠. 하지만 사드 사태와 코로나로 이어진 중국 시장의 경쟁력 약화로 오랫동안 하락을 이어 오고 있습니다. 최근에는 북미 등 새로운 시장을 개척하는 중입니다.

화장품의 경우 아모레퍼시픽처럼 브랜드를 개발하는 업체와 한국콜마처럼 수많은 브랜드의 화장품을 생산해 주는 ODM 업체로 나눌 수도 있습니다. 브랜드 업체는 흥행 산업과 비슷한 반면, ODM 업체는 제조업의 논리로 접근하면 좋습니다.

패션의 경우도 우리나라가 은근히 잘 하고 있는 업종입니다. 화장품 업종과 마찬가지로 브랜드를 달고 판매하는 크고 작은 회사들이 모인 의류, 잡화 섹터가 한 축을 담당합니다. 그리고 의류 제품의 생산에 도움을 주는 섬유 회사와 OEM/ODM 회사들도 존재합니다.

C. 장치 산업

금속/정유 화학/해양 운송/건설/자동차/에너지

우리나라가 '제조업 강국'이라고 불리게 된 배경에는 장치 산업들의 약진이 중요한 역할을 해 주었습니다. 중후장대 산업이라고도 불리는 장치 산업은 거대한 설비와 그에 따른 투자가 필요합니다. 경박단소라는 개념으로 상반되는 하이테크 산업에 비해서 자본 효율성이 높지는 않지만, 막대한 자본 투하 자체가 가져다주는 선점 효과도 존재합니다.

우리나라 장치 산업들은 합리적인 가격에 고품질의 제품을 생산하는 능력으로 인정받고 있습니다. 하지만 가성비를 내세우는 개도국과 기술력을 내세우는 선진국 사이에서 고군분투하는 면도 있습니다.

8. 금속 : 철강/비철

금속 업종은 많은 장치 산업의 근간이 됩니다. 집도, 차도, 배도, 비행기도⋯ 거의 모든 구조물은 금속을 필요로 하기 때문이죠. 금속 업종은 다시 철강 섹터와 철강이 아닌 금속, 즉 비철 섹터로 나눌 수 있습니다.

철강은 불순물이 제거되고 산업용으로 가공된 철을 말합니다. 포스코와 현대제철 등 경쟁력이 있는 철강사가 대한민국의 뼈대를 책임지고 있죠. 철강 업체의 주요 업황은 뒤에 설명드릴 다른 장치 산업들에 달려 있습니다. 그리고 수익성을 결정하는 원재료와 제품 가격은 가까이 있는 중국 업체들의 수요와 공급에 따라 영향을 받기도 합니다.

비철금속은 대부분 수입에 의존하고, 철에 비해 사용처가 특화되어 있기 때문에 철강 섹터에 비해 규모가 작은 편입니다. 원재료를 가공하여 산업에 필요한 형태로 제공하는 중간재 기업이 일부 존재하며, 대표적인 비철금속으로는 구리, 아연, 알루미늄 등을 들 수 있습니다. 철강과 마찬가지로 우리나라의 다른 중후장대 산업 경기의 영향을 많이 받습니다.

9. 정유 화학 : 정유/화학

땅속에 묻혀 있는 원유를 시추·정제하고 가공해 화학 제품을 생산하는 정유 화학 업종도 있습니다. 흔히 떠올리는 연료뿐 아니라 플라스틱, 고무, 섬유, 도료, 화장품 등 수많은 제품의 원재료가 됩니다…. 그래서 정유 화학 산업은 경제 전체가 돌아가는데 중요한 축을 담당하고 있죠.

우리나라의 정유사들은 해외에서 시추된 원유를 수입해 정제합니다. 정제라 함은 휘발유, 경유, 벙커C유 등으로 순도가 다른 정제 제품을 만드는 과정입니다. 정유사의 수익성은 원료가 되는 원유의 가격에 의해 좌우되겠죠?

그리고 원유에서 정제된 나프타Naphta나 가스와 석탄을 재료로 '기초유분'이라는 중간 원료를 추출하는 과정도 있습니다. 기초유분에 특화된 화학 업체도 있고, 최근에는 정유사들이 원유 정제에서 화학 쪽으로 사업을 확장하기도 합니다.

기초유분을 추가로 가공해 실제 제조업에 사용되는 합성수지나 섬유, 고무 등으로 만들어 내는 업체들도 있습니다. 크고 작은 기업들이 다양한 최종 제품을 맡아서 화학 제품을 생산하고 있습니다. 페트병 원료에 특화된 기업, 폴리우레탄에 특화된 기업, 스판덱스에 특화된 기업 등 수많은 제조업과의 접점에서 다양한 섹터를 만들어 내고 있습니다.

10. 해양 운송 : 조선/조선기자재/해운

해양 운송은 전 세계 산업 경제의 네트워크를 책임지는 운송망입니다. 배를 운용해 물건을 옮기는 해운업과, 그런 배를 만들어주는 조선업이 대표적인 섹터죠. 그중 해운업은 세계적으로 알려진 거대 회사들이 과점 체제를 이루는 산업입니다. 배가 운반하는 운송품의 종류에 따라 세부 카테고리를 나눌 수 있는데요. 섹터 내에서도 완제품을 싣는 컨테이너선, 건화물을 싣는 벌크선, 가스를 싣는 가스선 등 특화된 해운업을 담당하는 해운사들이 포진되어 있습니다.

조선 업종은 의외로 반도체와 함께 우리나라의 세계 1등 업종 중 하나입니다. 조선 업종은 배를 만들어 수출하는 조선사들과 그 회사들을 돕는 협력사로 나눌 수 있습니다. 우리나라에는 경남 지역쪽에 대부분의 조선사들이 몰려 있는데요. 흔히 빅3라고 부르는 현대, 대우, 삼성이 주축입니다. 조선사들은 글로벌 해운 물동량의 영향을 많이 받습니다. 배라는 재화의 특성상 사이클의 주기가 10년 이상으로 매우 긴 것도 특징입니다.

조선기자재 섹터는 배를 짓는데 필요한 원재료 및 가공품을 납품하는 협력 업체들입니다. 우리나라 조선사가 제작하는 배는 거대한 구조물이며, 그 안에 들어가는 설비와 기자재의 종류도 다양합니다. 다만 배를 짓는 프로세스와 시계열이 일정하기 때문에, 조선사의 수주 현황을 잘 체크하면 좋습니다. 시차를 두고 기자재 업체들의 매출이 발생하는 시점을 쉽게 예상할 수 있기 때문이죠.

11. 건설 : 건설/건자재

건설업은 다들 아시다시피 건축물을 짓는 산업이며, 조선과 함께 대표적인 수주 산업에 속합니다. 주식투자에서 건설업은 해외 건설과 국내 건설로 나눌 수도 있습니다. 먼저 해외 건설은 글로벌 경기의 영향을 받습니다. 특히 우리나라의 종합 건설사는 국내뿐 아니라 해외에서도 많은 수주를 따냈습니다. 1970년대에 중동 국가들이 석유 파동으로 어마어마한 돈을 벌었는데요. 우리나라 건설사들이 중동에 나가서 플랜트를 지어 주며 수혜를 입기도 했습니다.

반면 국내 건설은 대한민국의 주택경기의 영향을 많이 받습니다. 따라서 부동산 시장의 방향에서 많은 힌트를 얻을 수 있습니다. 주택이 모자라면 정부 차원에서 신규 주택 공급을 늘리려고 합니다. 자연스럽게 국내 건설업체들이 수혜를 가져가겠죠? 흔히 보시는 아파트의 브랜드들마다 대표되는 상장사가 존재합니다.

특히 국내 건설의 경우 건자재 섹터를 별도로 공부할 필요가 있습니다. 국내 건설업체들이 수주를 받고 나면 공정에 따라 수년에 걸쳐 건물을 지어 올릴 것입니다. 이 과정에서 순서대로 필요한 재료들이 달라집니다. 시멘트, 철근, 파일 등 공사 초반부에 필요한 자재, 유리, 단열재, 페인트 등 후반부에 필요한 자재, 이렇게 공정별로 매출 인식이 달라지는 건자재의 밸류 체인을 공부하면 좋습니다.

12. 자동차 : 완성차/협력사/2차전지

자동차 업종은 현대와 기아로 대표되는 현대차그룹이 절대적인 영향력을 차지하고 있죠. 우리나라는 세계적으로 경쟁력 있는 자동차 강국 중 하나입니다. 현대차와 기아가 완성차를 만드는 중요한 섹터를 담당하고 있죠. 세계의 소비경기가 꽤 중요하며, 특히 환율 효과에 따라 수익성의 변동이 큰 편입니다. 달러 대비 원화가 급락하는 시기에는 우리나라의 완성차 회사들이 유리해집니다.

완성차 회사에 부품을 제조해 납품하는 협력사들 또한 섹터를 형성하고 있습니다. 새시, 엔진, 브레이크, 공조장치, 휠, 타이어, 유리, 헤드라이트, 시트 등등… 세분화된 부품들을 다양한 회사가 담당하고 있습니다. 이런 협력사들은 완성차의 업황에 절대적인 영향을 받는 편입니다.

최근 몇 년 사이에 자동차 업계의 패러다임이 크게 바뀌었죠. 바로 전기차입니다. 아직은 점유율이 낮은 편이지만, 향후 수십 년 동안 꾸준히 늘어날 전기차 트렌드에 따라 새롭게 각광받는 섹터가 2차전지입니다. 2차전지는 국내 완성차뿐 아니라 전 세계의 자동차 브랜드에 납품을 하기 때문에 별도의 공부가 필요합니다. LG, 삼성, SK 이 세 개의 그룹이 각자의 배터리회사를 키우고 있으며, 그 회사들과 협력하는 소재, 장비 업체들도 존재합니다.

실패를 극복하는 주식투자

13. 에너지 : 에너지 판매/전력 인프라/신재생

마지막으로 전력 생산 및 유통과 관련된 에너지 업종이 있습니다. 모두가 알고 있는 한국전력은 직접 생산한 전기뿐 아니라 타 회사에서 생산한 전기까지 포함해 우리나라의 전력 유통을 담당하고 있죠. 또한 전기와 함께 국가적으로 중요한 에너지원인 가스의 판매를 담당하는 회사들도 있습니다.

전기나 가스 에너지가 전국의 주택과 회사, 공장 등으로 이동되기 위해 필요한 인프라를 제작하는 기업들도 존재합니다. 송배전기기와 관련된 섹터, 전선을 제작하고 설치하는 전선업체들이 대표적이죠.

한편, 전기차와 마찬가지로 친환경 트렌드가 확장되면서 성장하고 있는 곳이 신재생 에너지 업종입니다. 태양광, 풍력, 바이오에너지 등 여러 가지 신재생 섹터가 있는데요. 신재생 발전의 종류에 따라 필요한 부품과 소재 또한 각기 다른 기업들이 분업하여 생산하고 있습니다.

대표적으로 기억할 만한 업종들 위주로 간단히 정리해 보았습니다. 수많은 업종들을 한 번에 다 공부할 수는 없습니다. 초보 투자자라면 시간을 내어서 개별 업종들을 제대로 공부해야 합니다. 워낙 방대하기 때문에 잠깐 보는 정도로는 부족합니다.

처음에는 관심이 가거나, 공부하기 쉬워 보이는 업종부터 집중적으로 공부해 보세요. 어느 정도 이해가 되었다면 다른 업종으로 넘어가며 차례차례 '도장깨기'를 하면 됩니다. 시간이 지날수록 나만의 유니버스가 확장되는 뿌듯함을 느낄 것입니다.

포트폴리오 전략 세우기

투자를 위한 공부에 체계가 필요한 만큼, 투자 자체에도 체계가 필요하겠죠? 대표적 예인 '포트폴리오'에 대해서는 들어보셨을 것입니다. '계란을 한 바구니에 담지 말라.'는 격언도 있죠. 하지만 많은 투자자들이 포트폴리오의 본질에 대해서 잘 이해하지 못하고 있습니다.

포트폴리오를 짜야 하는 가장 근원적인 이유는 무엇일까요? 바로 '누구나 틀릴 수 있다.'는 사실입니다. 세계 최고의 투자자인 워런 버핏도 틀립니다. 항상 정답을 맞춰야만 돈을 버는 게 아닙니다. '틀릴 수 있음'에도 돈을 버는 것, 그것이 투자입니다.

버핏은 또 다른 명언을 남기기도 했습니다. "투자의 제 1원칙은 돈을 잃지 않는 것이다. 투자의 제 2원칙은 1원칙을 잊지 않는 것이다." 아이디어는 틀릴 수 있습니다. 하지만 틀렸더라도 큰돈을 잃으면 안 됩니다. 잃지 않으면 다음 기회에 돈을 벌고, 그만큼 자산이 불어납니다. 그러나 아이디어가 틀렸을 때 돈을 많이 잃게 되면, 손실의 복구 기간만큼 멀리 돌아가야 합니다.

그래서 포트폴리오의 목적은 '내 아이디어가 틀렸을 때'도 큰돈을 잃지 않도록 투자처를 분산하기 위함입니다. 수익의 극대화가 아니라 손실의 최소화가 목적입니다. 이 부분을 반드시 명심해야 합니다.

초보 투자자들이 포트폴리오에 대해 오해하는 가장 일반적인 패턴이 있습니다. 분산 투자를 해야 한다고 들어서 한 종목에 '몰빵'하지 않고 이것저것 다양하게 사 모읍니다. 8개로 분산하기도 하고 10개, 20개, 50개씩 사 모으는 분들도 있습니다. 대체 몇 개의 종목을 보유해야 하는 걸까요?

정답은 없습니다. 애초에 질문 자체가 잘못되었습니다. 분산을 위한 적정 종목수가 있는 게 아니라, 분산을 위한 종목 배치가 관건입니다. 이해를 돕기 위해 간단한 그림으로 비교를 해 보겠습니다.

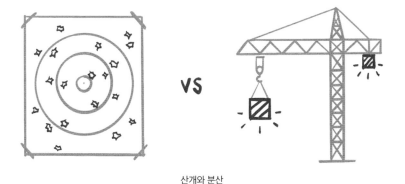

산개와 분산

왼쪽의 과녁을 보실까요? 한눈에 봐도 뭔가 잘못된 것 같죠. 이게 보통 초보 투자자들이 '분산 투자'를 하는 방식입니다. 전략이 없고 여기저기 돈을 뿌려 놓았습니다. 어디서 들은 종목은 다 한 번씩 사고 보는 것이죠. 그러면 안 됩니다. 이것은 '분산'이 아니라 '산개'입니다. 많은 초보자들이 산개 투자를 하고 있습니다.

반면 오른쪽의 타워 크레인을 보겠습니다. 철로 된 뼈대만 가진 가벼운 크레인이 무거운 자재를 들기 위해서는 균형이 중요합니다. 크레인에서 길게 뻗어 나온 팔의 반대편, 조그맣게 튀어나온 크레인의 뒷면을 보실까요? 팔에서 드는 무게를 버티기 위해 무게추가 실려 있습니다. 이게 진정한 분산입니다.

무슨 뜻이냐고요? 핵심은 크레인이 드는 무게의 '반대편'에 추가 달려 있다는 것입니다. 그래야 한쪽으로 쏠리는 무게를 잡아 줄 수 있죠. 내가 좋게 보는 특정 아이디어에 돈이 쏠려 있을 때, 만에 하나라도 그 아이디어가 틀리면 큰 손실을 볼 수 있습니다. 그런 위험을 방지하기 위해 일정 금액을 내 아이디어의 반대 방향에도 베팅해 줘야 합니다. 업계에서 흔히 말하는 헷지hedge입니다.

그래서 내가 밀고 있는 핵심 아이디어에 투자하기 전에, 그 아이디어와 반대로 흐를 수 있는 투자처를 찾아야 합니다. 가령 원유 상승의 수혜를 입는 종목에 투자를 한다면, 원유가 하락했을 때 수혜를 입는 다른 종목을 찾는 것이죠. 내가 옳다고 믿는 방향에 100% 돈을 넣는 게 아니라, 10%, 20%, 30%의 돈을 반대 방향에 담아 두는 것이죠. 이게 포트폴리오의 기본적인 구조가 되어야 합니다.

실패를 극복하는 주식투자

그렇다면 실제로 투자를 할 때 어떻게 종목을 분산하면 좋을까요? 아무 종목도 담지 않았다고 가정하고, 순서대로 준비해야 하는 것들을 생각해 보겠습니다.

1. 개인적으로 가장 유망해 보이는 특정 산업을 선정

2. 그 산업군에서 한 개 종목을 선정(A)

3. 해당 산업군의 리스크를 분산할 수 있는 반대 성향의 산업군

4. 반대 산업군의 한 개 종목을 선정(A1)

5. 1번 산업군과 다른 분야에서 유망해 보이는 또 다른 산업군을 선정(B)

6. 두 번째로 고른 산업군의 반대 종목을 선정(B1)

7. 나에게 맞는 현금 비중을 선정

8. 현금 비중을 제외한 금액으로 선정한 종목들에 금액을 배분

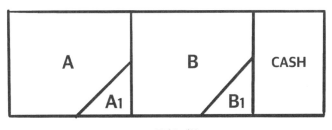

포트폴리오 배분

공부를 통해 투자 유니버스를 만들었다면, 지금 시점에 가장 좋아 보이는 산업군이 생길 것입니다. 그 산업군에서 고른 종목이 나의 첫 매수 종목이 되어야 합니다. 모르는 것에 투자하면 안 되겠지만, 아는 것들 중에서는 가장 좋아 보이는 한 가지 아이디어를 골라

야 합니다. 최고의 기회를 고르는 안목을 계속 훈련하다 보면 서서히 성과가 좋아질 것입니다.

그리고 5번에서 고르게 될 두 번째 종목은 가능한 첫 번째 아이디어와 상관없는 쪽으로 고르는 게 좋습니다. 반대 성향일 필요는 없습니다. 원유 상승의 수혜를 입는 종목이 A라면, 원유가 하락했을 때 수혜를 입는 종목 A1이 A의 헷지 종목입니다. B에서 고를 종목은 원유 가격과 아예 상관없는 종목이 좋습니다. 원유는 거의 모든 제조업에 간접적으로 영향을 미치니, 서비스 업종이나 IT 업종, 엔터테인먼트나 게임 같은 무형자산 업종이 좋은 대안이 될 것입니다. 새로 고른 업종에 대해서도 반대 성향의 투자처에 소액을 투자해야겠죠.

마지막으로 현금 비중을 얼마나 가져갈지를 정해야 합니다. 현금은 투자를 보수적으로 하는 보험 이상의 의미를 가집니다. 더 나은 투자 기회가 올 때 과감히 투입하는 히든카드 공격수로 봐야 합니다. 거의 한 해도 거르지 않고 시장의 급락이 발생합니다. 따라서 초보 때 현금을 유지하는 습관을 들이면 평생 동안 도움이 됩니다. 수익률 측면에서도 그렇고, 심리적 불안을 크게 줄일 수 있습니다.

사실 현금 비중은 제일 먼저 정하는 게 맞죠. 그래야 남은 돈으로 매수 종목의 비중을 결정할 수 있으니까요. 보통은 10~40%까지 개인차에 따라 다양하게 정할 수 있습니다. 하지만 어느 정도 비율이 좋을지 전혀 감이 없는 분들께는 20~30% 정도를 추천드립니다. 20% 미만으로 가지고 있을 경우 약세장에서 현금이 너무 빨리 소진될 수 있습니다. 반면 30%를 초과할 경우 시장에 대한 관심이 약해질 수 있습니다.

현금 관련해 추가로 고려할 점도 있습니다. 먼저 선정한 주력 종목들에 대해 반대 성향이 뚜렷한 헷지 투자처를 찾기 어려운 경우, 현금 비중을 추가 확보하는 것도 좋은 방법입니다. 이 경우 총 현금 보유량은 늘어나게 됩니다.

가령 100%의 가용 자금 중, 20%를 현금으로 가져간다고 하죠. 남은 80%를 선정 종목들에 분산 매수합니다. 주력 종목과 헷징 종목을 나누고, 두 개의 주력 종목을 선정했다면, 총 네 개 종목이 구성된 포트폴리오가 만들어집니다. 주력 종목 비중의 1/10은 주력 종목 자체가 아닌 헷징 종목에 넣기로 하겠습니다. 주력 종목 A와 헷징 종목 A1, 주력 종목 B와 헷징 종목 B1, 그리고 현금 C의 비중은 36:4:36:4:20이 됩니다.

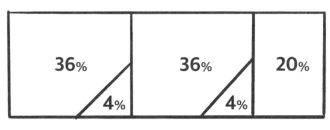

포트폴리오 비율

그런데 만약 주력 종목 B에 대해 도저히 반대 성향의 헷징 종목을 찾을 수 없다면? B1의 비중만큼 현금을 더 보유하면 됩니다. 최종적으로 포트폴리오에는 세 개의 종목과 24%의 현금 비중이 만들어질 것입니다.

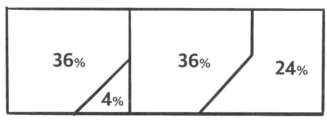

포트폴리오 현금

현금이 더 늘어나기 때문에 답답하게 느껴질 수도 있습니다. 하지만 투자에서 중요한 것은 잃지 않는 것입니다. 게다가 현금은 위기 상황에서 저가 매수의 기회를 통해 큰 활약을 할 수 있습니다. 주식시장의 변동성은 무섭습니다. 얼마 지나지 않아, 보유한 현금이 요긴하게 쓰이는 상황을 마주하게 될 것입니다.

초보 투자자들은 주력 종목을 2개에서 4개 정도 선정하시기 바랍니다. 그리고 그에 맞는 반대 성향 종목까지 포함해 4~8개 종목수로 구성된 포트폴리오를 만들기를 권합니다. 그 이상 종목수를 늘리면 개별 종목에 대한 심도 있는 공부를 할 수 없습니다. 집중력이 분산되기 때문이죠.

너무 많이 분산하지 마세요. 틀린 종목을 많이 편입해 봤자 쓰레기 더미에 쓰레기를 추가하는 것입니다. 제대로 공부하고 추적할 수 있는 소수의 종목과 시장 전체의 하락을 대비한 적절한 현금 비중이 있다면, 종목 수를 늘리지 않고도 단단한 포트폴리오를 만들 수 있을 것입니다.

실패를 극복하는 주식투자

CHECK POINT

⊘ 포트폴리오의 목적은 틀리더라도 망치지 않기 위함이다.
⊘ 분산과 산개를 구분해야 한다.
⊘ 현금 비중 또한 중요한 분산 전략이다.
⊘ 너무 많이 분산하면 공부가 안 된다.

많이 공부하고
적게 행동하기

주식투자를 하게 되면 한 번쯤 품게 되는 아이러니한 질문이 있습니다. 왜 돈 벌려고 뛰어든 이곳에서 너무도 많은 사람들이 돈을 잃게 되는 것일까요? 누군가는 이렇게 말합니다. 주식투자는 제로섬 게임, 즉 누군가 벌면 누군가는 잃게 되어 있다고. 이 말은 반은 맞고 반은 틀린 이야기입니다. 단기적 트레이딩에서는 눈치싸움도 치열하고, 더 높은 가격에 주식을 떠안거나 더 낮은 가격에 주식을 빼앗길 수도 있습니다.

특히 개인 투자자들은 기관과 외국인이라 통칭되는 제도권의 프로 투자자들을 탓합니다. 프로가 아마추어를 착취하는 것 아니냐는 표현도 많습니다. 개미 털기, 개미 꼬시기, 설거지 넘기기 등등… 실제로 개미들의 피해를 통해 수익을 보는 주체들도 있긴 있습니다.

주식 '시장'은 거래의 공간입니다. 거래를 할 수 있기 때문에 변동성이 발생합니다. 변동성 때문에 온갖 자잘한 소식에도 주가가 크게 오르거나 빠지거나 하죠. 개인 투자자들에게는 상당히 유혹적이고 위험한 환경입니다. 언제 매수한 주식을 빼앗길지 모르고, 언제 고점에서 떠맡을지도 모릅니다.

주식을 마음껏 거래할 수 있는 주식시장은 각종 위험들로 가득 찬 지뢰밭과도 같습니다. 확률적으로 생각해 보겠습니다. 만약 지뢰밭 한가운데에 서 있다면, 지뢰를 밟을 가능성이 가장 높은 행동은 무엇일까요? 여기저기 돌아다니며 발걸음을 늘리는 것입니다. 반대로 지뢰를 밟지 않을 가능성이 가장 높은 행동은? 움직이지 않고 가만히 서 있는 것이죠.

투자에서도 그렇습니다. 매수와 매도, 즉 움직임이 많을수록 '리스크'라는 지뢰를 밟을 위험에 노출됩니다. 매수를 많이 할수록 잘못된 매수일 확률이 높아지는 것이죠. 제대로 된 탐지장치(기업분석)를 가지고 신중하게 한 걸음씩 움직여야 지뢰를 피해갈 수 있습니다.

너무 우울한 이야기만 했으니, 이제 수익에 대해서도 이야기해 보겠습니다. 연평균 수익률을 두 자릿수(10%) 이상으로 끌어 올리려면 어떻게 해야 할까요. '두 자리? 2020년에 그 정도 수익이 났는데요?' 네 알아요. 그때는 누구나 잘 벌었어요.

하지만 강세장이 지나고 약세장, 횡보장에서도 수익을 내기는 쉽지 않습니다. 첫 해에 30% 수익이 나고 다음 해에 20% 손실을 보면 최종 수익률은 2년간 4%입니다. 은행 예금 수준도 안 되는 거죠. 만약 30% 수익에 30% 손해라면? 본전이 아니라 -9%입니다. 손실을 입지 않는 게 이토록 중요합니다.

초보 시기에는 열심히 공부를 했더라도 투자 성공률이 높지 않습니다. 이런 상황에서 연 수익률 두 자리를 넘기는 가장 확실한 방법은 무엇일까요? 매수 횟수를 최대한 줄이는 것입니다. 무슨 허무맹랑한 소리냐고요? 지금부터 설명드리겠습니다.

거의 한 해도 빠짐없이, 주식시장 전체가 급락하는 거래일이 발생합니다. 지수 기준으로 봤을 때 2~3% 이상 하락하는 날입니다. 보통 이런 날은 하락이 누적되다가 클라이맥스에 다다랐을 때, 갑자기 아래로 급하게 곤두박질칩니다.

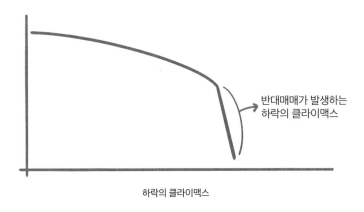

반대매매가 발생하는
하락의 클라이맥스

하락의 클라이맥스

이런 거래일이 발생하면 지수 전체로는 2~3%밖에 빠지지 않더라도, 개별 종목의 하락률은 제법 큰 경우가 많습니다. 많이 빠지는 종목은 7~8%씩 빠질 수도 있고, 심하면 두 자릿수 하락도 생깁니다. 이렇게 특히 많이 빠지는 종목의 공통점은 무엇일까요? 바로 '신용 비율'이 높다는 점입니다.

실패를 극복하는 주식투자

많은 투자자들이 레버리지를 일으키기 위해 신용 매수를 하거나 주식담보 대출을 이용합니다. 문제는 담보 대상이 된 종목이 하락할 때입니다. 증권사가 하락하는 주식의 담보가치를 보전하기 위해 반대매매를 집행하는 것이죠. 개별 투자자의 손실은 중요하지 않습니다. 증권사 입장에선 빌려준 돈을 떼이지 않는 게 중요합니다. 그래서 체결 가능한 최저가에 강제로 매도를 집행합니다.

낮은 가격에 매도물량이 늘어나니 주가는 더 빠지게 됩니다. 그러면 또 다른 투자자에게 반대매매가 발생합니다. 반대매매가 연쇄적으로 터지는 것이죠. 손쓸 새도 없이 보유한 주식의 주가는 아래로 곤두박질칩니다. 특히 개인 투자자들이 많이 몰리는, 테마성이 짙고 신용비율이 높은 코스닥 중소형주에서 발생되는 현상입니다.

이제 반대로 생각해 보겠습니다. 이렇게 반대매매가 연쇄적으로 터질 때의 가격 하락은 해당 주식의 본질 가치와 상관없습니다. 회사는 멀쩡히 잘 돌아가는데 주가만 대환장 바겐 세일을 하는 것이죠. 신규 매수자의 입장에서는 이럴 때가 바로 주식을 살 최고의 기회입니다.

시장 전체가 무섭게 하락한 시기입니다. 때문에 종목 선정 능력도 그다지 중요하지 않습니다. 평소에 꾸준히 리서치를 하며 괜찮은 종목들을 하나씩 리스트에 올려놓았다가, 이런 날이 오면 결단력 있게 매수를 하는 것입니다. 어지간히 잘못 고르지만 않았다면 1년 내 20~30% 정도의 수익은 충분히 낼 수 있을 것입니다.

물론 이런 매수 찬스는 자주 오지 않습니다. 중단기적인 하락장의 끝자락에 한 번씩 나타납니다. 1년을 기준으로 봤을 때 열 번 이내, 보통은 다섯 번 이내로 발생합니다. 그 말은 무슨 뜻일까요? 나머지 모든 거래일 동안은 매수를 자제해야 한다는 뜻입니다.

제 경우 역대 거래일별 등락률 데이터를 통해 나름대로의 규칙을 만들었습니다. 코스피 거래일 기준, -2.5% 이상 하락하는 날만 매수를 하기로 정했습니다. 2010년 이후를 봤을 때, 2011년 폭락장(남유럽 재정위기와 미국 신용등급 강등)과 2020년 폭락장(코로나 팬데믹)을 제외하면 1년에 이틀, 많아도 4~5일 정도밖에 발생하지 않았습니다. 하지만 이후의 지수 변동을 감안하면, 예외 없이 훌륭한 매수 기회였습니다. 그래서 평소 보유 중인 현금은 그런 날만 소진한다는 원칙을 세웠습니다.

제가 사용하는 원칙이 모두에게 적용될 만한 것은 아닙니다. 저에게 맞는 원칙을 주관적으로 만든 것이므로, 그대로 따라 한다고 같은 수익이 나오지는 않을 수도 있습니다. 꾸준히 경험을 쌓다 보면 나름대로의 원칙을 세울 수 있을 것입니다.

한 가지 확실한 게 있습니다. 공부는 많이 할수록, 매수는 드물게 할수록 더 성과가 좋아진다는 것입니다. 평소에 매수할 만한 기업을 찾아 놓고, 그 기업들이 최고의 매수 가격이 올 때까지 기다리는 것. 이보다 단순하고 강력한 전략은 없습니다.

실패를 극복하는 주식투자

⊘ 주식시장은 지뢰밭, 많이 움직일수록 불리하다.

⊘ 시장 전체가 급락하며 반대매매가 터질 때가 바로 최고의 매수 기회다.

⊘ 이런 기회는 1년에 몇 번 오지 않는다.

⊘ 평소에는 꾸준히 기업 공부를 하다가, 이런 날만 매수하자.

ılıllıl

난중일기 기록하기

코로나 팬데믹으로 극장가 또한 큰 불황을 겪었지만, 2022년 들어 조금씩 박스오피스가 살아나고 있죠. 사극으로 유명한 김한민 감독의 이순신 일대기를 그린 영화 '한산'도 오랜만에 찾아온 흥행작 중 하나입니다. 덕분에 이순신 장군의 삶도 다시금 재조명되고 있죠(이미 대한민국에서 가장 유명한 위인 중 한 분이긴 하지만요).

우리는 이순신 장군의 삶을 통해 투자에서 살아남기 위한 소중한 교훈 중 하나를 얻을 수도 있습니다. 나라를 지키는 각오에 비할 바는 아니지만, 우리가 주식투자를 하는 것도 결국은 경제적으로 가족을 지키기 위해서가 아닐까요? 경건한 마음으로, 어떤 포인트에서 배울 것이 있는지 알아보겠습니다.

제가 주의 깊게 본 것은 이순신 장군의 '난중일기'입니다. 전쟁통에서 결연한 모습으로 붓을 잡고 일기를 쓰는 장군의 모습이 상상됩니다. 난중일기는 실제로 역사 사료로서의 가치도 매우 높다고 합니다. 전쟁 당시의 상황을 매우 상세히 기록했을 뿐 아니라, 이순신 장군 스스로의 감정도 솔직하게 담겨 있기 때문이죠. 현재 남아 있는 자료 중 임진왜란 당시 상황을 이해하는 데 가장 좋은 기록물이라고도 하죠.

그런데 왜? 하루하루 살아남는 것만으로도 힘든 전쟁통에, 전쟁의 지휘관으로서 눈코 뜰 새 없이 바쁜 몸으로 일기 같은 걸 썼을까요? 이순신 장군은 난중일기를 기록하던 당시 노년에 가까운 몸이었으며 고문이나 부상의 후유증과 싸우던 상황이었습니다. 일과가 끝나면 휴식을 취해도 모자랄 시간에 왜 일기를 쓰는 수고를 한 것일까요?

일기를 기록함으로써, 가장 어려운 시기에 멘탈을 지킬 수 있기 때문입니다.

이는 투자자에게도 매우 중요한 숙제입니다. 주식시장은 물리적으로 카오스 상태입니다. 수많은 변수가 동시에 작용하고 서로 영향을 끼칩니다. 약세장은 사람들의 멘탈을 시험에 들게 합니다. 아무리 똑똑한 사람이라도 멘탈을 챙기지 못하면 주가 하락을 이겨 낼 수 없습니다.

이순신 장군이 없는 시간을 쪼개 일기를 쓴 이유도 거기에 있습니다. 그날 일어난 일들을 정리하고, 그에 대한 감정까지 솔직하게 작성함으로써, 더 객관적으로 상황을 바라볼 수 있습니다. 지휘관의 가장 중요한 능력은 의사결정, 즉 판단력입니다. 판단력은 생각하는 힘입니다. 깊고 의미 있는 생각은 머릿속에서 바로 완성되지 않습니다. 그래서 기록이 필요하죠. 기록을 통해 사실과 내면을 가지런히 정리할 때 의미 있는 생각이 완성됩니다.

2022년 여름과 가을에 걸쳐 이 글을 쓰는 동안 모든 투자자들이 공평하게 약세장을 경험했습니다. 초보 투자자분들도 예외가 아닙니다. 따라서 주식투자가 얼마나 힘겨운 활동인지 충분히 느끼셨을 것입니다. 약세장은 생각보다 자주 찾아옵니다. 제 기억을 더듬어 보아도 강세장만 펼쳐진 해는 거의 없었습니다. 크고 작은 약세장을 꼭 거쳤습니다.

앞으로도 투자 활동을 이어간다면 약세장을 피할 수는 없습니다. 하지만 더 잘 대응하는 투자자가 될 수는 있습니다. 제가 추천드리는 것은, 특히 심적으로 힘겨운 시기에 '난중일기'를 기록해 보시라는 것입니다. 사이코패스가 아닌 이상, 약세장에 감정적인 고통을 느끼지 않는 투자자는 없습니다. 이럴 때 현 시장의 상황과 거기에 대한 내 감정, 보유하고 있는 종목들에 대한 생각 등을 기록하는 것은 큰 힘이 될 수 있습니다.

약세장에 난중일기를 쓰면 좋은 점은 무엇일까요?

실패를 극복하는 주식투자

1. 하락의 한복판에서 최악의 오판을 피할 수 있다

투자는 논리로 돈을 버는 행위입니다. 하지만 감정에 휘둘려 논리적인 행동을 하지 못하고 투자를 그르치는 일이 너무 많습니다. 지수가 바닥일 무렵, 주식 커뮤니티나 종목게시판 같은 곳에 가보면 공통적으로 나오는 글이 있습니다. '나는 전량 손절했다.', '주식이 오를 때 다시 들어오겠다.'

손실이 이미 커진 하락장의 한복판에서, '전량 매도 후 타이밍 잡고 재매수' 같은 게 통하는 사람은 거의 없습니다. 손실이 큰 상태에서의 매도는 전략적 후퇴가 아닙니다. 그냥 감정에 굴복하고 패배한 것입니다. 모든 하락장은 뒤이은 상승장으로 귀결됩니다. 대부분 이렇게 바닥에서 손절한 사람은 자신의 매도가보다 훨씬 높은 수준까지 반등하고 나서야 뒤늦게 들어옵니다.

왜 그런 뻔한 실수를 하냐고요? 그만큼 하락장의 공포감은 무섭습니다. 특히 약세장, 폭락장에 느끼는 고통은 육체적 고통에 뒤지지 않습니다. 이런 장세에 고통스러운 감정을 컨트롤하는 것은 매우 중요합니다.

바닥권에서의 매도는 상식적 판단이 아니라 본능적 반응입니다. 초원에서 얼룩말이 사자를 보고 도망가는 본능과 다를 게 없습니다. 원시적 반응입니다. 문명 사회에서 투자로 돈을 벌고 싶다면 반드시 극복해야 합니다.

본능을 컨트롤 하기 위해서는 자기 객관화가 필요합니다. 가장 효과적인 방법은 당연히 기록입니다. 수백 년 전에 전쟁을 치르던 이순신 장군도 그걸 알고 계셨던 것입니다. 목숨 걸고 싸우는 전쟁에서 공포심과 본능을 극복해야 한다는 것, 그러기 위해서는 일기를 써야 한다는 것을 말이죠.

2. 나중에 비슷한 상황이 왔을 때 더 잘 대응할 수 있다

투자는 수많은 경기를 치르며 성장하는 분야입니다. 모든 경기에 승리할 순 없죠. 당연히 힘든 경기도 있습니다. 하지만 그를 통해 배울 수도 있습니다. 모든 투자에서 반드시 수익이 남는 건 아닙니다. 하지만 수익 말고도 남길 것은 있습니다.

바로 기록을 통한 '배움'입니다. 배움은 다음 수익의 씨앗이 됩니다. 특히 하락장에서 남긴 기록은, 투자 인생 전반에 걸쳐 매우 소중한 자산이 됩니다. 어지간한 강심장이어도, 또는 어지간히 공부를 열심히 했더라도, 하락장의 깊은 어둠 속에서 최선의 행동을 하기란 쉽지 않습니다.

특히 경험이 부족한 투자자들은, 하락장을 지나고 나면 많은 아쉬움이 남습니다. '이렇게 했어야 하는데…', '그건 하지 말았어야 하는데…' 등등의 다양한 후회가 생깁니다. 그에 대한 기록이 필요합니다. 내가 보유한 종목들, 종목들의 주가 상황, 전체 시장의 분위기, 방어력이 좋은 섹터와 그 이유 등등을 기록해야 합니다.

하락장에서 올바르게 행동하면 하락장이 끝나고 큰 수익이 돌아옵니다. 하지만 올바르게 행동하려면 미리 대비가 되어 있어야 합니다. 모든 투자자를 힘들게 하는 시장 전체의 하락장은 생각보다 자주 찾아옵니다. 하지만 지나고 나서야 더 나은 대응이 떠오르는 경우가 많죠.

실패를 극복하는 주식투자

지난번 하락장에서 가장 아쉬웠던 부분은 무엇이었는지 적어 보세요. 다음에 하락장이 오면 '이렇게 하겠다.'는 계획도 적어 보세요. 다음에 또 다른 하락장이 올 때, 훨씬 덜 무서울 것입니다. 버텨야 할 때 버틸 수 있고, 질러야 할 때 지를 수 있을 것입니다. 그 결과는? 더 높은 수익이죠.

그렇다면 난중일기를 더 효과적으로 쓸 수 있는 요령도 있을까요? 이 역시 우리의 난중일기 선배님이자 나라를 구한 유능한 장수였던 이순신 장군에게 배울 수 있습니다. 간단히 정리해 보겠습니다.

1. 스스로를 객관화했다

난중일기가 기록물로서 가치가 있는 이유 중 하나가, 스스로에 대한 객관적인 비평도 충실했기 때문이라고 합니다. 이순신 장군에 대해 공식적으로 기록된 징비록, 실록, 심지어 외국의 기록물은 칭찬 일색입니다. 그에 비해, 정작 장군 자신은 스스로의 모자란 점을 끊임없이 탐색했습니다.

'더닝-크루거 효과Dunning-Kruger effect'라는 말이 있습니다. 능력과 경험이 부족할수록 스스로에 대해 높게 평가하고, 성장할수록 스스로에 대해 객관적인 판단을 내리며 겸손해지는 현상을 말합니다. 능력이 부족할 때는 스스로가 뭘 잘못했는지 알아낼 능력도 없기 때문이죠.

단기간에 이를 뛰어넘기 위해서는 스스로의 오류를 찾는 훈련이 매우 중요합니다. 투자자로서 꼭 필요한 자질입니다. 하락장이 깊어지면 내가 잘 산 종목과 그렇지 않은 종목이 뚜렷하게 구분됩니다. 이때 낙담하지 말고 어디서 실수했는지를 꼼꼼히 성찰하고 기록해 보세요.

2. 하루도 빠지지 않았다

이순신 장군의 난중일기에는 재미난 점이 하나 있다고 합니다. 일기를 쓰려고 해도 아무것도 쓸 게 없는 날이 있습니다. 전쟁통에도 평화롭고 조용한 날이 하루씩은 있었겠죠. 그런 날은 날씨 정도만 기록했다고 합니다. 글도 아니고, 맑을 '청淸'이라는 한자 하나만 툭 던져놓고 끝냈다고 하네요.

'한 글자만 쓸 건데 그러면 일기라고 할 수 있나?' 하고 반문할 수도 있습니다. 하지만 하루도 빠짐없이 글을 쓰기 위해 시간을 내는, 그 '루틴'에 답이 있습니다. 일기를 쓰는 궁극적인 목적은 성찰과 반성, 계획입니다. 일기의 내용뿐 아니라 일기를 쓰는 행위 자체에 가치가 있습니다.

특히 하락장에서 멘탈을 지키기 어려운 초보 투자자라면 이런 루틴을 만들어 보는 것이 유용합니다. 쓸 게 없어도 억지로 뭔가를 써 보는 시간, 그 시간을 매일 지킴으로써 생기는 숨겨진 효과가 있습니다.

3. 사실뿐 아니라 감정을 기록하였다

특히 하락장에서 스스로를 지키려면 감정을 다스려야 합니다. 감정을 다스리려면 그 실체를 파악해야 합니다. 감정은 눈에 보이지 않습니다. 감정에 따른 신체 반응, 언어, 행동은 생각보다 알아차리기 어렵습니다.

　가령 화가 난 사람이 운전을 한다면 난폭운전을 할 가능성이 높습니다. 그러면 사고의 위험도 커지겠죠. 하지만 '내가 화가 나 있다.'는 것을 인지하고 있다면? 난폭한 운전으로 이어지는 것은 막을 수 있습니다. 이렇듯 바로 자신의 감정을 '인지'하는 게 중요합니다.

　투자에서도 자기 감정을 인지하지 못하면 뇌동매매에 빠질 수 있습니다. 버텨야 할 때 도망가고, 잘라야 할 때 붙들고 놓지 않습니다. 이럴 때는 투자 논리보다 감정을 인지하는 게 우선입니다. 난중일기의 또 다른 목적은 자기 감정의 객관화입니다.

　하락장이 힘들면 힘들다는 글을 쓰세요. 다른 사람의 성공이 배 아프다면 질투심도 기록하세요. 답이 나오지 않는 이야기라도 일단 쓰게 되면, 쓰지 않고 느끼기만 할 때보다 훨씬 도움이 됩니다.

　이렇게 하락장을 이기기 위한 난중일기 쓰기에 대해 알아보았습니다. 나라도 지켜주시고 인사이트도 나눠주신 이순신 장군께 우선 감사의 인사를 드려야겠습니다. 우리도 계좌와 가족을 지키는 사령관의 마음으로, 난중일기를 쓰며 약세장이 끝나길 기다려 보면 어떨까요?

CHECK POINT

　⊘ 전쟁통 같은 하락장에서는 멘탈을 지켜야 한다.
　⊘ 약세장에 쓰는 난중일기는 투자에 유용하다.
　⊘ 난중일기를 써 보면 다음 약세장에 더 나은 대응을 할 수 있다.
　⊘ 난중일기를 쓸 때는 객관적이고 솔직하게, 꾸준히 써 보자.

나는 주식투자와
얼마나 맞을까?

여기까지 읽어 주신 감사한 독자분들은 크게 두 가지 유형으로 나뉘게 됩니다. 첫 번째는 그동안 어떤 것들이 미흡했는지 확인하고, 앞으로 갈 길이 명확해진 분들입니다. '좋다, 길을 찾았다. 이제 실천만 하면 된다! 할 수 있다! 할 수 있다! 할 수 있다!'

반면 어떤 분들은 오히려 더 막막함을 느끼실 것입니다. '뭘 해야 할지는 알겠는데, 너무 할 게 많다! 이걸 언제 다 챙기나!' 그래도 챙겨야 합니다. 심지어 제가 정리해 드린 내용들은 주식투자에서 살아남기 위해 '몰라서는 안 되는' 필수적인 내용들입니다.

솔직히 챙겨야 할 게 많긴 하죠. 그런데 당연한 거 아닌가요? 세상에 불로소득은 없습니다. 언뜻 주식투자는 매수 버튼 아니면 매도 버튼을 누르는 게 다인 것 같습니다. 행동은 쉽게 느껴집니다. 하지만 행동의 이면에 감내해야 할 것들이 엄청나게 많습니다. 다른 돈벌이에 비해 결코 더 쉽지도 않고, 결코 더 편하지도 않습니다.

이제 좀 더 비정한 현실을 이야기하겠습니다. 책의 내용을 마주하고 더 막막해진 분들이 있을 텐데요. 실천할 자신이 없는 분들은 직접투자를 하시면 안 됩니다. 어떨 때는 벌고 어떨 때는 잃고를 반복하다가 잘 되면 본전, 아니면 손실만 커집니다. 그러다가 좌절해서 주식판을 떠나고… 또 강세장이 오면 뒤늦게 기웃거리다가 같은 상처를 반복해서 입게 됩니다.

워런 버핏은 '투자에서 기질이 중요하다.'고 말합니다. 세계 최고의 투자자이자, 80년 동안 투자를 하고 전 세계의 투자자들을 관찰한 분이 '기질'을 이야기한 데는 다 이유가 있을 것입니다. 그럼 기질은 대체 무엇일까요? 모든 성공이 그렇겠지만, 특히 투자에서 성공하기 위해서는 인간의 본능을 거스르는 능력이 중요합니다. 때로는 직관에 반대되는 역발상을 실천해야 하고, 비가 오나 눈이 오나 공부를 쉬지 않는 의지가 필요합니다. 이런 행동력은 기질적 재능에 속합니다.

사람들은 운동선수나 연예인의 타고난 신체 조건, 거기서 오는 유리함은 당연하게 생각합니다. 그런데 투자자의 본성에서 갈리는 유불리는 인정하지 않으려 합니다. 심지어 유불리가 존재하는 것도 모르고 있습니다. 냉정하게 말씀드리면 투자의 기질 측면에서 금수저와 흙수저는 분명히 나누어져 있습니다. 끝끝내 투자가 맞지 않는 사람도 있습니다.

또 울적해졌습니다. 최대한 밝게 쓰고 싶었는데 쉽지 않네요. 이 제 좀 더 다행스러운 이야기를 해 보겠습니다. 투자가 기질적으로 맞지 않는 사람이라도, 주식투자로 (잃지 않고) 돈을 벌 수는 있습니다. 기질적인 불리함을 극복하려면 내가 아니라 다른 사람이 돈을 벌게 하면 됩니다. 그게 바로 간접투자입니다.

'예? 겨우 간접투자, 그거 이야기하려고 이렇게 밑밥을 깔았나요?' 실망하실 수도 있습니다. 잠시만 기다려 보세요. 잘 생각해 볼까요? 간접투자가 도움이 되는 걸 몰라서 안 하는 게 아니잖아요. 기질적으로 안 맞는 분들은 간접투자를 해야 하는데, 정작 방법을 모르는 게 문제입니다. 간접투자도 올바른 방식으로 해야 합니다. 올바른 메커니즘을 이해해야 간접투자도 성공적으로 할 수 있습니다.

앞서 집필한 책들에서, 효과적인 간접투자 방법을 몇 가지 소개해 드린 적이 있습니다. 그런데 시간이 지나며 고민에 고민을 거듭할수록, 최고의 간접투자 방법은 하나인 것 같습니다. 그 방법을 지금부터 소개해 드리겠습니다. 바로 '시가총액 1등 기업을 장기 분할 매수' 하는 것입니다.

보통 간접투자라고 하면 펀드나 ETF를 떠올리는 분들이 많습니다. 하지만 제가 생각했을 때, 주식투자의 본질에 가장 가까우면서도 가장 좋은 수익을 낼 수 있는 것은 역시 '시가총액 1등 기업 투자' 입니다.

기업의 본질은 무엇일까요? '혼자 할 수 없는 크고 어려운 일을 여러 사람이 팀을 이뤄 해내는 것'입니다. 기업의 이윤 창출은 크고 어려운 일을 함께 해낸 것에 대한 보상입니다. 큰 이윤을 낸 기업은 큰 일을 해내는 기업입니다. 이윤을 잘 낼수록 기업의 가치도 오르고 그 기업의 주가도 오릅니다.

주식의 본질은 기업을 소유하는 것입니다. 적은 돈으로도 기업의 소유권을 가질 수 있는 도구가 주식입니다. 그러면 기업이 왜 주식을 발행할까요? 자본의 힘을 통해 더 큰 일을 하기 위해서입니다. 자본시장에서 자본을 확보하고 금융의 묘를 더하면, 구성원의 총합보다 더 큰 시너지를 낼 수 있습니다. 여기까지의 내용을 공식으로 생각해 보겠습니다.

기업의 가치 = 기업 구성원의 능력*자본의 힘

주가 = (기업 구성원의 능력*자본의 힘)/발행 주식수

기업 가치의 상승 = 기업의 가치*시간

주가의 상승 = (기업의 가치*시간)/발행 주식수

결국 자본시장 내에서 기업 구성원의 능력이 가장 강한 기업을 고르면, 최고의 주가 상승을 얻어 낼 수 있습니다. 문제는 '기업 구성원의 능력'을 객관적으로 확인하기가 쉽지 않다는 것입니다. 같은 숫자의 직원이라도 팀워크의 차이가 있고, 개별 직원들의 능력 차이도 있습니다. 경영진의 의사결정 능력과 통솔 능력도 다릅니다. 숫자로 검증하기도 어렵습니다.

시가총액 1위 기업에 투자한다는 것은, 구성원의 능력이 역사적으로 검증된 기업에 투자한다는 뜻입니다. 시가총액 1위는 한 국가에서 현재 가장 돈을 잘 버는 기업이라는 의미입니다. 그렇기 때문

에 많은 돈을 벌어 왔고, 많이 쌓여 있고, 앞으로도 잘 벌 가능성이 높습니다. 시가총액이 가장 크다는 사실로 자본력이 검증되어 있습니다.

여기에 숨은 효과도 있습니다. 주로 지금 가장 잘 나가는 회사는 유능한 인재를 모으기도 쉽습니다. 회사의 명성이 높으니 유능한 인재들이 서로 오고 싶어 하고, 회사의 자본력으로 유능한 인재를 끌어오기도 쉽습니다. 그렇게 모인 인재들은 다시 시너지를 내서 더 큰 돈을 벌게 될 것입니다.

현재 우리나라의 시가총액 1위인 삼성전자의 예를 들어보겠습니다. 삼성전자는 2000년대 이후로 한 번도 1위를 빼앗긴 적이 없습니다. 그 기간 동안 주가 상승은 어땠을까요? 2001년 1월 시초가 3,350원 기준으로 20년 후인 2020년 12월 종가 81,000원과 비교하면 연평균 17%가 넘게 상승했습니다. 그 기간 동안 지급한 배당금은 제외하고도 말이죠. 통계의 시작과 끝 지점을 어디에 잡느냐에 따라 약간의 차이는 있을 수 있지만, 최소 15% 이상의 연평균 수익률을 얻을 수 있을 것입니다.

흔히 알려진 간접투자 방법인 펀드를 떠올려 볼까요? 전 세계의 내로라하는 펀드도 20년 이상의 긴 기간 동안 연평균 15%를 버는 펀드는 거의 없습니다. 10% 이상을 버는 펀드도 거의 없습니다. 어떻게 보면 당연합니다. 펀드매니저 소수의 능력이 아무리 유능하더라도, 기업 구성원의 능력의 총합을 뛰어넘기는 쉽지 않습니다. 특히 유능한 인재가 모인 큰 기업이라면 말이죠.

물론 삼성전자가 언제까지 이 능력을 이어갈지는 알 수 없습니다. 하지만 더 유능한 기업이 나타난다면 언젠가 시가총액 1위가 바뀌게 될 것입니다. 그러면 그 때 교체매매를 하면 됩니다. 그리고 돈이 생길 때마다 그 기업의 주식을 계속 사 모으시면 됩니다.

제가 보기엔 최적의 간접투자 전략입니다. 펀드나 다른 간접투자 방식의 또 다른 한계는, 결국은 투자자 개인의 판단력을 필요로 한다는 것입니다. 어느 펀드가 좋은지 골라야 하는데, 여기서 또 투자자의 능력이 필요합니다. 좋은 펀드를 고르는 능력이 없으면 펀드에 투자를 해도 성과가 좋을 수 없습니다.

고르는 능력이 없기 때문에 고르지 않고도 투자할 수 있는 전략이 필요합니다. 시가총액 1위를 계속해서 사 모으고, 1위가 바뀌면 그 기업으로 갈아탄다. 따르기도 쉽고 더 생각할 필요도 없습니다. 최고의 원칙은 지키기 쉬운 원칙입니다.

잠깐 심호흡을 하고, 우리의 여정을 돌아보겠습니다. 주식을 시작했는데… 물렸습니다. 손실이 커졌어요. 망쳤습니다. 이런 상황을 슬기롭게 수습하는 것, 그리고 앞으로는 잃지 않는 투자를 하는 것, 이것이 우리의 목표입니다. 그 과정을 다시 한 번 돌아보겠습니다.

망친 종목이 아니라, 계좌의 전체 수익률 기준으로 생각한다.

손실률을 통해 개별 종목의 수습 가능 여부를 확인한다.

현재의 장세가 강세장인지, 약세장인지, 횡보장인지 파악한다.

손실의 근원이 어디에 있는지 파악한다.

고점에 섣부르게 추격매수를 하지는 않았는가?

밸류에이션은 제대로 했는가?

투자 아이디어를 제대로 세웠는가?

엑시트 전략은 어떻게 세웠는가?

나는 내 욕심을 제대로 컨트롤할 수 있는가?

이제 개별 종목에 대한 수습 전략을 세운다.

갈아 탈 종목을 찾을 수 있는가?

버티기로 만회할 수 있을까?

일부분만 분할매도 했을 때 심리적인 안정을 되찾을 수 있는가?

이제 제대로 된 투자 방법을 따르며 과거의 실수를 되풀이하지 않는다.

프로세스를 지킨다.

투자 유니버스를 구축한다.

포트폴리오 전략을 세운다.

많이 공부하고 적게 행동한다.

정리하고 보니 꽤 많네요. 여기까지의 과정을 제대로 체화하기 위해서는, 최소 2년 정도의 노력이 필요합니다. 무슨 노력을 말하는 것이냐고요? 인생의 다른 우선순위들을 제쳐 두고 투자 공부에 집중하는 것 말입니다. 최소 하루에 한 시간 이상은 이 과업을 달성하기 위해 나만의 시간을 가져야 합니다. 이게 기준점입니다.

"나는 향후 2년간, 투자자로서 업그레이드하기 위해 매일 한 시간

이상을 공부할 수 있는가?"

이 질문에 대한 답이 'YES'가 아니라면, 직접투자는 깔끔하게 포기하세요. 인생은 길고 험난하며 다채롭습니다. 투자는 인생의 일부일 뿐입니다. 기질적으로 훌륭한 투자자가 될 수 있는 사람은 소수입니다. 시간이 없는 사람도 있습니다. 본업이 바쁜 사람, 자녀 육아에 시간이 드는 사람…

하지만 이런 분들도 투자 수익은 얻어야 합니다. 그런 분들이 가장 지키기 쉬운 원칙을 제시합니다. 그냥 시가총액 1위 기업을 돈이 생길 때마다 사서 모으세요. 최고의 수익은 아니겠지만, 최적의 수익은 가능합니다.

적당히 매운맛
Q&A

크고 작은 강의, 독자와의 만남, 유튜브 댓글 등을 통해서 다양한 개미 투자자분들과
이야기할 기회가 있습니다. 난처한 상황에 놓였을 때 어떻게 해야 할지, 주
식시장은 대체 왜 이런지, 제대로 하고 있는 게 맞는지 등등 다양
한 질문을 주십니다. 저는 가능한 솔직한 의견을 드립니
다. 듣고 싶은 이야기가 아닌, 알아야 할 이야
기들 말이죠. 독자분들과 나눠 볼 가
치가 있는 질문들을 간단
히 모아 보았습
니다.

　ⅠⅢⅠⅢ

주식시장은 이렇게 맨날 빠지는데 누가 주식으로 돈을 버나요?

Q ——————　제 주변을 봐도 그렇고 부동산이 아닌 주식으로 돈을 번 사람은 한 명도 못 봤습니다. 뉴스에는 맨날 주식시장이 빠진다는 이야기만 나오고요. 도대체 주식으로 돈을 번 사람도 있나요? 그 사람들은 어떻게 돈을 벌었나요?

A ——————　틀린 말은 아닙니다. 실제로 주식시장이 오르는 장세는 별로 없었어요. 2000년대부터 2022년까지 코스피 지수를 볼까요? 2003년부터 2007년까지 4년, 2008년, 2009년, 2017년, 2020년 봄부터 2021년 봄까지 1년 조금 넘는 기간. 다 합하면 8년이네요. 23년 동안 강세장은 8년. 비율로 보면 35%가 안 됩니다. 나머지 65%는 하락장이거나 횡보장이었어요.

2000년이 시작될 때 코스피가 1,000포인트 수준에서 시작했고요. 2022년 현재는 2,500을 넘기는 것도 힘들어 보입니다. 연평균 수익률 기준으로 보면 4%를 겨우 넘는 수준이네요. 이거 진짜인가요? 주식시장에 23년 투자하면 연 4% 수익. 무슨 예금인가요? 저도 계산해 보고 깜짝 놀랐습니다. 이런 정도면 '주식을 왜 하냐?'라는 소리가 나올 수밖에 없죠. 이거 뭐 주택대출 이자도 못 내잖아요.

그런데 말입니다. 돈을 버는 사람들이 있습니다.

제가 투자를 하면서 만난 분들, 스터디의 동료들, 유명한 개인 투자자들, 숨어 있는 재야의 고수들을 보면 훨씬 높은 수익을 올리고 있더라고요. 고수가 아닌 분들도 연평균 15%, 최소 두 자릿수 이상의 수익은 내고 있습니다. 수익률을 떠나서 신분이 바뀔 정도의 자산 상승을 만든 분들도 (우리에게 보이는 것보다는) 꽤 많습니다.

2012년부터 2016년까지 거의 5년을 이어진 횡보장, 소위 박스피라고도 불렀죠. 이 구간에도 새로 생긴 주식 부자가 상당했다고 합니다. 지수는 움직이지를 않았는데 누군가 돈을 벌었다면, 그 이유는 대체 뭘까요? 딱 두 가지만 기억하시기 바랍니다.

① 돈을 더 잘 버는 '기업'을 찾아다닌다.
② 수익을 재투자해서 복리 효과를 누린다.

어려울 것 없습니다. 모든 주식투자의 본질은 '기업'입니다. 기업이 잘 되면 그 기업의 주식을 산 주주도 잘될 수밖에 없어요. 그래서 장세와 상관없이 수익을 내는 분들은 기업에 집중합니다. 거시경제는 볼 필요도 없어요. 불황이 와도 돈을 버는 기업은 있습니다.

심지어는 불황 덕분에 더 많은 돈을 버는 기업도 있죠. 아무리 약세장이라도 크게 오르는 종목(기업)은 있습니다. 그런 기업을 찾는 것입니다. 시장과 상관없이 지금 이 시점에 가장 능력 있는 기업을 찾는 자세, 그게 주식으로 성공하는 첫 번째 조건입니다.

그리고 꼭 명심해야 할 것은 주식으로 번 돈은 다른 데 쓰면 안 됩니다. 번 돈을 합쳐서 다시 주식에 투자해야죠. 10% 벌어서 소고기 사 먹고, 30% 벌어서 여행 가고, 두 배 벌어서 차 바꾸고. 이러면 버는 순간만 기분이 좋을 뿐, 주식으로 인생을 바꾸는 건 불가능합니다.

수익이 났다면 반드시 그 돈을 합쳐서 재투자해야 합니다. 돈을 '굴린다.'고 하죠. 눈덩이를 굴리면 다른 눈이 붙으면서 점점 더 커집니다. 중간에 눈덩이를 떼어 내면 안 되죠. 투자금도 중간에 깨지 말고 계속 굴려야 합니다.

그렇게 시간이 지나고 나면 저절로 느끼실 것입니다. '아니 언제 이렇게 많이 벌었지?' 복리는 적용되고 적용될수록 엄청난 효과를 발휘합니다. 아인슈타인이 복리에 대해 '불가사의'라고 말한 이유가 있는 거죠.

삼성전자에 많이 물렸는데 어떻게 해야 할까요?

Q ——————— 저는 주식투자에 대해서 잘 모릅니다. 다만 '삼성전자는 우리나라에서 제일 크니까, 설마 망할 리는 없겠지?' 하면서 샀어요. 다른 종목은 사지도 않았습니다. 몰빵이라고 볼 수도 있죠. 그런데 삼성전자 주식이 계속 빠지기만 하네요. 손실이 너무 커졌습니다. 어떻게 해야 할까요? 삼성전자 하나만 믿고 기다려도 되는 걸까요?

A ——————— 자, 저를 따라서 소리 내어 말해 보세요.

"삼성전자는 잘못한 게 없다."

한 번 더.

"삼성전자는 잘못한 게 없다."

이제 본격적으로 말씀하신 고민을 분석해 보겠습니다. 질문자분이 힘든 이유는? 삼성전자 주식이 하락해서 손실이 났기 때문이죠. 그럼 삼성전자를 왜 매수했을까요? 상승할 거라고 보고 사신 거죠. 그럼 삼성전자가 왜 상승할 거라고 생각했을까요? 이게 바로 매수한 이유, 즉 투자 아이디어가 되겠죠. 처음 질문하신 내용에 그대로 답이 나와 있습니다.

① 나는 주식투자에 대해 잘 모른다.
② 삼성전자는 우리나라에서 제일 크다.
③ (그러므로) 망할 리가 없을 것이다.

이 자체로도 (조금 허술해 보이긴 하지만) 투자 아이디어가 될 수 있습니다. 위 세 가지 전제 중 틀린 게 있나요? 유일하게 틀릴 가능성이 있는 것은 ③번이지만, 아직은 전혀 그런 기미가 보이지 않습니다. 돈 잘 벌고 있어요. 직원들 월급도 잘 주고 있어요. 제가 감히 장담하는데 질문자분이 삼성전자로 수익을 내기 전에 삼성전자가 먼저 망하지는 않을 겁니다.

오히려 지금 망한 건 삼성전자가 아니라 질문자분의 '심리'죠. 주가가 빠지니까 불안해진 것입니다. 내 계좌의 평가액이 손실이니까 기분이 나쁜 것입니다. 하지만 생각해 볼까요? 처음 투자했을 때의 전제는 전혀 바뀌지 않았습니다.

① 나는 (여전히) 주식투자에 대해 잘 모른다.

② 삼성전자는 (여전히) 우리나라에서 제일 크다.

③ (그러므로) 망할 리가 없을 것이다.

주식투자를 할 때 제일 핵심은 '내가 아는 만큼 투자하고, 모르는 곳에 투자하지 않는 것'입니다. 질문하신 분은 지금 아는 게 '삼성전자' 하나밖에 없어요. 그러면 삼성전자에만 '몰빵' 투자하는 게 틀린 걸까요? 오히려 알지도 못하는 다른 기업에 투자하는 게 틀린 것이죠.

아는 게 하나밖에 없으면 하나에 투자하는 게 옳은 결정입니다. 주가의 변동성은 고려 대상이 아닙니다. 당장은 주가가 좀 내릴 수도 있죠. 나중에 올라서 수익을 내면 그만 아닌가요? 그런데 빨리 안 오르니까 조바심이 나고, 지금 손실권이니까 겁이 난다고 팔면 어떻게 될까요? 손실 확정해서 한 번 죽고, 나중에 오르는 거 보고 배 아파서 두 번 죽겠죠.

만약 아는 종목이 하나밖에 없어서 그 종목을 붙잡고 (꽤 긴 시간을) 버텨야 하는 게 억울하다면 다른 종목도 공부하면 되죠. 대신 공부를 해야죠. 만난 적도 없는 유튜버가 차트에 줄 그으면서 '이 종목 사라.'고 뽐뿌 넣는 방송을 멍 때리고 보는 건 공부가 아니에요. 뭐 하는 기업인지, 어떻게 돈을 버는지, 미래에 얼마나 벌 것 같은지, 그에 비해 지금 주가는 저렴한 편인지, 이런 걸 부지런히 찾아보고 의사 결정을 내리는 게 공부입니다.

공부를 한 건지 아닌지 헷갈리는 분들이 있으니까 더 간단하게 정해 드릴게요. 내 손으로 쓴 글이 없다? 그러면 공부한 게 아닙니다. 남이 한 말을 베껴 오던 상관없습니다. 직접 써 봐야 합니다. 그리고 거기에 대해 내 생각을 짧게라도 추가해야 합니다. '알려진 내용 정리+나의 의견 덧붙이기'. 이게 공부의 기본 요소입니다.

삼성전자에 몰빵하고 통한의 눈물을 흘리는 초보 투자자분께 다시 돌아오겠습니다. 추가로 공부한 종목이 없다면, '지금 삼성전자에 물린 내 계좌는 어떻게 해야 할까요?' 이런 질문을 하는 분들 중 절반 이상은 앞으로도 추가적인 공부를 할 여력이 안 됩니다. 그냥 아는 선에서, 삼성전자라는 틀 안에서 승부를 봐야 해요.

가장 효과적인 대응법은 결국 '추가 분할 매수'입니다. 본업이 있다면, (하다못해 받는 용돈이라도 있다면) 시간이 지나면서 추가 매수할 돈이 생기겠죠? 그걸로 더 사는 거예요. 내가 샀던 가격보다 더 싼 가격에. 수단과 방법을 가리지 말고 더 사세요. 그렇게 물량을 늘리고 평단가를 낮추세요. 여기서 중요한 교훈이 또 하나 나옵니다. 다시 한 번 소리 내어 따라 해 보세요.

잘 모르고 하는 분산 투자보다는, 잘 모르고 하는 분할 매수가 훨씬 강력하다.

이제 좀 위안이 되셨나요? 다시 한 번 정리하겠습니다. 삼성전자는 잘못한 게 없어요. 그리고 아는 게 삼성전자밖에 없다면 그걸 사서 물리는 건 문제가 아닙니다. 오히려 지금 좀 물렸다고 알지도 못하는 종목으로 갈아탔다가 또 물리는 게 문제에요. 종목을 고를 능력이 없을 땐 고르지 마세요. 대신 분산 투자를 보완하는 분할 매수를 통해 수익을 대비하면 됩니다.

실패를 극복하는 주식투자

단기간 투자할 돈이 생겼을 때는 뭘 사야 할까요?

Q ───────   큰돈은 아니지만 연말 전까지는 써도 되는 자금이 생겼습니다. 한 달 정도 남았는데 단기간 투자해서 소소하게라도 수익을 내고 싶네요. 어디에 투자를 하면 좋을까요?

A ───────   단기간 투자할 돈이 생기셨군요. 일단 축하드립니다. 답변을 드릴게요.

아무것도 하지 마세요.

무슨 맥빠지는 소리냐고요? 잘 생각해 볼게요. 대부분의 질문은 질문 자체에 답이 나와 있습니다. 한 달만 굴려도 되는 여유 자금을 어디에 투자해야 할지 남에게 묻는 분이라면, 그 돈을 어딘가에 투자할 자격이 없는 분입니다.

앞서 말씀드렸지만, 투자의 핵심은 '아는 것에만' 매수를 집행하는 것입니다. 질문자분의 현재 상태를 짚어 볼까요.

① 한 달 뒤에는 이 돈 쓰면 안 됨

② 한 달 만에 수익을 내고 싶음

③ 그런데 어디에 투자해야 할지 모름

당연히 수많은 종목들 중 무언가는 단기간에 오르겠죠. 크든 작든 수익을 줄 것입니다. 그런데 그 수익은 '미리 공부해서 어디에 투자할지 아는 자'의 몫입니다. 누군가는 미리 공부를 해 놓은 매수 후보 리스트가 있을 것입니다. 그리고 짧게나마 가용할 자금이 생겼을 때 거기에 맞춰 매수를 하겠죠. 그런 분들이 이런 질문을 할까요?

뒤늦게 무엇을 살지 묻는 분들은 아무것도 안 하시는 게 낫습니다. 지금부터 뭘 공부해서 사기엔 늦습니다. 이제 와서 공부를 한다고 해도 (실력이 부족하니) 제대로 된 종목을 찍을 가능성이 낮고요. 질문자의 상황을 다시 정리해 보겠습니다.

① 한 달 뒤에는 이 돈 쓰면 안 됨

② 한 달 만에 수익을 내고 싶음

③ 그런데 어디에 투자해야 할지 모름

④ 만약에 벌어질 손실을 감안하면 아무것도 안 하는 게 나음

실패를 극복하는 주식투자

이제 다른 사람에게 종목 동냥을 할 때의 문제점을 짚어 보겠습니다. 네, 동냥입니다. 대가 없이 다른 사람에게 선의를 요구하는 행위가 동냥이죠. 특히 주식 종목 동냥이 문제가 되는 이유는 동냥의 결과가 대체로 좋지 않기 때문입니다.

이런 질문을 받는 사람 입장에서 생각해 볼게요. 내가 의사결정을 해 주고 남이 돈을 벌면 거기에 대해서 보답을 받는 경우는 없습니다(유일한 예외가 있죠. 직업적 자산 운용사들). 하지만 만약 틀린다면? 거기에 대해 온갖 비난과 원망을 듣게 됩니다. 맞춰도 얻는 게 없고 틀리면 잃는 게 많은 상황입니다. 당연히 종목 추천을 해 주는 게 꺼려질 것입니다.

물어본 사람도 좋을 게 없습니다. 남이 찍어준 종목으로 (운이 좋아) 단기간에 수익을 내더라도, 아무런 배움이 남지 않습니다. 다음 번에 또 남에게 의지해야 합니다. 매번 맞을 리도 없습니다. 만약 남에게 추천받았다가 손실이 나면 일단 추천해 준 사람부터 원망합니다. 친한 사이라면 우정도 깨질 수 있습니다. 더 시간이 지나면 남에게 의지한 자신을 몇 배는 더 원망하게 됩니다.

아무리 뛰어난 고수라도 틀릴 수 있습니다. 특히 단기간의 수익은 운의 영향도 많습니다. 자기 돈이라면 손실을 감수하고라도 투자를 하겠지만, 남의 돈을 짧은 시간에 책임져줄 사람은 거의 없습니다. 그래서 이런 질문(을 가장한 부탁이자 동냥)에 대한 손쉬운 대답은 존재하지 않습니다.

간혹 가다가 이런 상황을 악용하는 무리들도 있습니다. 한 번쯤

문자 받아 보셨죠? 모르는 번호로 광고문자가 옵니다. '내일 이 종목 사면 무조건 번다.', '회비 내라, 종목 찍어준다.' 모두 득볼 게 없는 기회입니다. 그렇게 단기간에 종목을 찍어서 돈 버는 능력이 출중한 사람이라면 남의 돈을 받을 필요가 없습니다. 자기 돈으로도 금방 재벌이 될 테니까요.

남의 돈을 요구하는 사람은 아쉬운 게 있는 사람입니다. 과감하게 종목을 찍을 능력이 되지 않거나, 아니면 돈 받을 사람을 이용하려는 무리입니다. 어지간하면 무시하세요. 주식판에서 돈 벌기가 그렇게 쉽지 않습니다. 또 남을 함부로 믿을 만큼 순수한 공간이 아닙니다.

이쯤 되면 (한 달 뒤에 빼야 하는) 이 돈이 원망스러울 수도 있습니다. 하지만 어쩌겠어요? 미리 준비하지 않은 내 탓입니다. 차라리 다행입니다. 만약 호기롭게 들어간 단기 투자가 손실이 난다면? 그 때 얻을 스트레스는 수익을 놓쳤을 때 받을 수 있는 스트레스와는 비교도 되지 않을 것입니다.

실패를 극복하는 주식투자

단타는 나쁜 건가요?
하면 안 되나요?

Q ——————— 그러면 단기 투자로 돈을 버는 것은 불가능한 가요? 장기 투자, 가치 투자 다 좋은데 당장 쥐꼬리밖에 없는 자산을 좀 빨리 불리려는 게 잘못인가요? 왜 초보에게 '단타를 하지 말라.'고 그렇게 말리는 것 인가요?

A ——————— 결론부터 말씀드리겠습니다. (모르고 하는) 단타는 나쁜 것입니다. (준비되지 않은 초보는) 단타를 치면 안 됩니다. 단기 투자가 무슨 죄악이라서 이렇게 말리는 게 아닙니다. 결과가 좋지 않을 게 뻔히 보이니까 말리는 것이죠. 우선 단기 투자의 특징을 알아보겠습니다.

① 돈을 더 빨리 버는 방법이 아니라, 매매를 더 자주 하는 방법이다.

② 보유 기간이 짧아질수록 확률적으로 수익을 내기가 어렵다.

③ 단기 투자로 돈을 버는 사람들은 '속도'가 아니라 '원칙'으로 성공한다.

앞서 말씀드린 바 있듯이 주식으로 자산이 커지는 원동력은 '복리'입니다. 수익이 나는 시간이 축적될수록 복리가 작동해서 기하급수적으로 돈이 불어납니다. 중요한 건 '시간'이 필요하다는 것이죠. 이 시간을 보내는 와중에는 단기 투자도 가능하고 장기 투자도 가능합니다.

초보들이 직관적으로 '틀리는' 부분이 여기에 있습니다. 단기로 투자하고 더 자주 매매하면 수익도 더 자주 쌓이고 돈도 더 빨리 벌릴 거라고 착각합니다. 하지만 놓친 부분이 있죠. 수익뿐 아니라 손실도 더 자주 쌓인다는 것 말입니다. 단기 투자는 장기적으로 돈을 벌기 위한 매매 방법이지, 돈을 더 빨리 버는 방법은 절대로 아닙니다.

와튼스쿨의 교수인 제러미 시겔이 쓴 《주식에 장기 투자하라》라는 책이 있습니다. 이 책에서 연구한 통계에 따르면 주식이 오를 확률은 보유 기간과 반비례합니다. 이는 주가의 단기 속성과 장기 속성을 생각해 보면 상식적으로 이해할 수 있습니다.

장기적으로 주가는 기업의 실적, 즉 돈 버는 능력에 수렴됩니다. 적자가 나지 않는 한, 주가는 기업의 자산이 쌓인 만큼 오르게 되겠죠? 반면 오늘내일의 주가, 1분 뒤의 주가는 어떨까요? 단기 자금은 시장에 퍼져 있는 무수한 트레이딩 자금의 흐름에 따라 수시로 변화합니다. 확률적으로는 딱 반반입니다. 오르거나 내리거나.

날씨 예보를 생각해 보시면 됩니다. 여름이 겨울보다 덥다는 것은 누구나 알 수 있습니다. 하지만 내일의 온도를 숫자까지 정확히 맞추는 것은 매우 어렵습니다. 사소한 변수들이 계속해서 반영되기 때문이죠.

따라서 단기 투자, 즉 트레이딩은 기본적으로 50:50의 확률 싸움입니다. 날고 기는 전문 트레이더들과 제로섬 게임을 벌여야 한다는 뜻입니다. 초보 투자자가 이들과 경쟁해서 이길 수 있을까요? 절대 안 되죠. 경험과 지식과 원칙으로 무장되고 나서야 단기 투자로도 수익을 낼 수 있습니다. 그 전까지는 실력자들이 고가에 파는 물량을 떠맡는 희생양이 될 가능성이 높습니다.

실제 트레이딩의 원리를 봐도 그렇습니다. 홍수 같은 뉴스 속에서 단기에 오를 이슈들을 구분해 내야 합니다. 오르는 주식에 과감히 올라타야 하고, 욕심내지 않고 적당한 수익을 취하고 내려올 줄도 알아야 합니다. 그나마도 반반의 확률입니다. 만약 사고가 나서 주가가 떨어진다면 다시 상승할지 하락폭이 커질지를 판단해야 합니다. 만약 손실 만회가 힘들 것 같으면 돌부처 같은 냉정함으로 칼같이 손절해야 합니다. 대부분의 트레이더들이 장 마감 이후 녹초가 되는 이유가 있습니다.

초보 투자자가 굳이 이걸 하시겠다고요?

나비의 날갯짓으로 발생할 태풍을 예측하려 하지 마세요. 여름과 겨울의 온도차만 가지고도 충분히 돈을 벌 수 있습니다. 기업 공부에 집중하시기 바랍니다. 지금보다 미래에 더 많은 돈을 벌 기업을 찾으면 됩니다. 그렇게 기업 분석으로 돈을 버는 방법을 익히다 보면, 시장 자체의 단기 변동성을 읽어 내는 촉도 자연스럽게 생깁니다.

그러다 보면 한 번씩 단타로 수익을 낼 때도 있을 것입니다. 하지만 지금은 아닙니다. 이제 결론을 말씀드릴게요. 단기 투자는 나쁜 게 아닙니다. 하지만 준비되지 않은 초보 투자자라면, 단기 투자는 맞는 방식이 아닙니다.

실패를 극복하는 주식투자

주식시장에는 왜 이렇게 사기꾼이 많나요?

Q ──────── 더러워서 주식 못하겠습니다. 오르는 종목을 알려준다고 해서 회비를 내고 가입했는데 죄다 손실입니다. 뉴스를 보면 대주주들은 다 이기적인 사기꾼들 같습니다. 횡령에, 내부거래에, 유상증자에, 자회사 분할해서 기존 주주들 엿 먹이고… 주식시장에는 왜 이렇게 사기꾼이 많나요? 이런 곳에서 돈을 번 사람들이 있다는 걸 믿을 수가 없네요.

A ──────── 화가 많이 쌓인 분이군요. 하지만 틀린 말이 단 하나도 없습니다. 실제로 그렇습니다. 2021년부터 2022년까지 기업의 횡령 뉴스가 10개는 나왔던 것 같습니다. 대주주들은 어차피 자기 회사라고 생각하기 때문에 소액주주들을 위해 주가를 올려 줄 생각이 없습니다. 오히려 소액주주들의 자금을 이용해 자기

에게 유리한 상황을 만들려고 하죠.

그뿐만이 아닙니다. 소위 '동호회'라고 하는 작전 세력들이 어수룩한 개미들에게 수백만 원의 회비를 받아 가면서 종목을 찍어준다고 홍보하죠. 정작 그 돈을 받으면 자기들끼리만 선취매에 이용해 수익을 챙겨갑니다. 이들은 찍어준다고만 했지 벌어준다고는 안 했거든요. 강세장에선 너도나도 오르니 그나마 통할 때도 있습니다. 하지만 약세장이 되면 종목 찍기가 어디 쉽나요? 회비 내면서 종목 귀동냥한 개미들은 막대한 손실에 좌절하게 됩니다.

세상에 악당이 너무 많습니다. 그런데 항상 그래왔습니다.

남에게 피해를 입히며 자기 이익을 챙기는 인간들은, 유사 이래 한 번도 사라진 적이 없습니다. 앞으로도 절대 사라지지 않을 거예요. 모럴 해저드를 개선하는 건 '선한 마음'이 아닙니다. 약자를 보호하고 공정성을 높이기 위한 '사회 경제 시스템의 개선'입니다.

그런데 시스템의 개선 속도는 느립니다. 세상은 느리게 좋아지는 반면, 꼼수와 사기는 빠르게 진화합니다. 그런 와중에 수많은 약자들의 피해가 더 발생할 것입니다.

엄살 피우지 마세요. 특히 강세장에 쉽게 돈을 벌었다가 약세장이 와서 다 토해낸 분들. 이제 와서 보니 만만치 않다는 걸 깨닫고 위축된 분들이 많습니다. 그러고는 뒤늦게 나라 탓, 사회 탓, 대주주 탓을 합니다. 그래봐야 소용없습니다. 욕한다고 내 계좌가 복구되지 않습니다. 주식시장이 왜 문제인지 고민하지 마세요. 더 중요한 질

실패를 극복하는 주식투자

문은 따로 있습니다.

그럼에도 불구하고 돈을 벌려면 어떻게 해야 할까요?

일단은 세상이 원래 부조리하다는 걸 깨달아야겠죠. 시스템은 허점이 많습니다. 그리고 그 허점을 파고들어 주주에게 피해를 입히는 사례도 많습니다. 일단 그런 사례가 어떤 것들이 있는지는 알아야겠죠. 보통은 손실을 입어 가며, 괴로운 경험을 쌓아 가며 하나씩 배웁니다. 원래 나쁜 일은 예상치 못하게 찾아오거든요. 당장은 이래서 언제 돈을 벌까 싶지만, 경험이 쌓이고 나면 자연스럽게 방어력이 생깁니다.

가령 유상증자 같은 게 있습니다. 유상증자는 기존 주주들의 지분을 희석시키며 자본을 늘리는 방식입니다. 합법이지만 반갑지 않은 소식이죠. 주로 돈이 부족한 기업이 사용합니다. 유상증자의 선례가 있는 기업은 계속 써먹는 경향이 있습니다. 사업보고서만 읽어도 이런 기업은 걸러 낼 수 있습니다. 자본금 변동 항목을 찾아보면 유상증자, 전환사채 발행 등의 이력이 기록되어 있거든요. 이런 이력이 있으면 일단 걸러 내면 됩니다.

재무 구조를 보고 싹수가 나쁜 기업을 피할 수도 있죠. 돈이 부족한 기업, 부채가 많은 기업, 돈 버는데 돈이 많이 들어가는 기업, 현금 흐름이 좋지 않은 기업들이 있습니다. 재무제표에서 다 확인할 수 있습니다. 확인하지 않고 손실을 보는 것보단 귀찮아도 확인하고 피하는 게 낫겠죠?

그보다 더 중요한 게 있습니다. 투자를 하는 기본적인 자세입니다. '돌다리도 두드려 보고 건너라.' 아시죠? 좋아 보이는 것도 더 보수적으로 판단하는 습관이 필요합니다. '안전마진'이라는 말 기억 나시나요? 다리를 만들 때, 실제로 지나가는 차량의 하중보다 훨씬 무거운 무게도 견딜 수 있도록 설계하는 개념입니다.

'이 정도는 매수해도 되는 가격이다.' 하는 기준보다 훨씬 더 주가가 쌀 때 사려는 습관을 들여야 합니다. 어떻게요? 매수 버튼을 누르기 전에 기다리세요. 더 낮은 주가가 오길 기다려야 합니다. 아예 더 낮은 호가에 체결되도록 예약 매수를 이용해도 되죠. 기다리다 보면 생각보다 자주, 더 싼 가격에 주식을 살 기회가 찾아옵니다.

투자 후보 기업들도 더 엄격하게 골라야 합니다. 이미 주가가 날아간 상태라면 마음 편하게 놓아 주세요. 앞으로 날아갈 숨은 기업을 또 찾으면 됩니다. 투자할 시기도 선택할 수 있습니다. 안전마진이 확보된 매수 기회는 흔히 오지 않습니다. 1년에 두세 번, 시장 전체가 하락하고 반대매매가 터질 때만 매수해 보세요. 매수하는 날을 줄이기만 해도 10~20% 수익은 더 얻을 수 있습니다.

마지막으로 책 두 권을 추천드립니다. 첫 번째는 프레드 쉐드Fred Schwed Jr.가 쓴 《고객의 요트는 어디에 있는가》라는 책입니다. 출간된 지 80년이나 지난 공룡 같은 책입니다. 하지만 시대를 초월하는 모럴 해저드와 그것에 대응할 수 있는 지혜를 전해 줍니다. 굉장한 유머감각으로 버무려 낸 책이라 읽기도 쉽습니다. 세계 최고의 투자자인 워런 버핏이 강추한 몇 안 되는 책이기도 해요.

실패를 극복하는 주식투자

두 번째 책은 세스 클라만Seth Klarman이 쓴《안전마진》이라는 책입니다. 사실 이 책은 우리나라에 정식 발매된 책은 아닙니다. 하지만 워낙 좋은 책이다 보니 비공식 경로로 번역된 자료가 인터넷에 돌아다니고 있습니다. 어렵지 않게 찾을 수 있을 것입니다. 저의 멘토인 재야의 고수 한 분이 계십니다. 이 분은《안전마진》을 30번은 넘게 읽었다고 합니다. 저는 아직 다섯 번 정도밖에 못 봤지만, 읽을 때마다 얻는 게 새롭더군요.

전문가들의 전망은
왜 이렇게 다 틀리나요?

Q ──────── 종목을 고를 줄 몰라서 유튜버들이 추천하는 종목을 많이 참고했습니다. 그런데 결과가 별로 좋지 않네요. 저보다는 잘 알 거 같아서 믿은 건데 원망스럽고 속상합니다. 경제 전문가나 증권사 리서치 센터의 애널리스트들이 내놓는 전망도 믿을 수가 없습니다. 시간이 지나고 보니 정확히 맞춘 사람은 거의 없고, 전문가들끼리도 의견이 다 다르던데요? 이럴 거면 전문가가 왜 필요한지 모르겠습니다.

A ──────── 전문가가 왜 필요한지 묻지 마시고, 질 문을 바꿔 보시죠. 새로운 힌트를 얻을 수 있습니다. 전문가가 바라 는 건 무엇일까요? 그들은 왜 '틀릴지도 모르는' 전망을 내놓는 것일 까요? 그게 그들의 직업이기 때문입니다.

실패를 극복하는 주식투자

미디어를 통해 수많은 의견을 쏟아내는 증권 전문가, 경제 전문가들이 돈을 버는 구조를 생각해 볼까요. 전문가가 돈을 버는 구조는, 투자자가 돈을 버는 구조와 전혀 다릅니다.

일단 투자자는 나와 있는 정보를 조합해 '독자적인 판단'을 내리고 그에 대한 결과로 투자 수익을 얻는 게 목표입니다. 반면 전문가들은 투자자들에게 정보를 제공하고 그에 대한 수수료를 얻는 게 목표입니다. 그 수수료는 광고수익이 될 수도 있고, 유명세에 따른 미디어 파워가 될 수도 있고, 자신이 속해 있는 조직에서 주는 연봉이 될 수도 있습니다.

전문가들의 비즈니스 모델은 '예측의 성공'이 아니라 '예측의 제공'입니다.

수많은 투자자들에게 (가능한) 도움이 되는 정보와 의견을 제공하는 게 목표입니다. 맞추고 말고는 부차적인 문제입니다. 일단 제공만 해도 돈을 벌 수 있습니다. 전문가가 자기 몸값을 높이려면 더 많이 맞추는 게 중요할 것 같지만 자세히 보면 그렇지도 않습니다. 호기심을 일으키는 전망을 만드는 게 더 효과적입니다.

이는 유명세가 가지는 속성 때문입니다. 전문가의 몸값은 유명해질 때, 인지도가 높아질 때 함께 오릅니다. 모든 전망을 정확히 맞추는 사람은 없습니다. 그게 가능하면 전문가가 아니라 투자자가 되는 게 훨씬 낫죠. 투자 수익으로 금세 돈을 벌 테니까요.

하지만 내놓은 전망이 유명해지면 전문가들에게는 괜찮은 보상이 주어집니다. 하나의 전망이 사람들에게 강한 영향을 끼치는 게, 여러 개의 전망을 맞추는 것보다 더 효과적입니다.

흔히 '어그로'라고 하죠. 유튜버들을 보면 잘 알 수 있습니다. 호기심을 불러일으키는, 논란의 소지가 있는, 그래서 클릭하지 않을 수 없는 제목과 썸네일을 만듭니다. 그래야 클릭이 되고 광고 수입이 생기니까요. 옳지만 지루한 전망보다 틀려도 자극적인 전망이 더 유리합니다.

이런 성향이 결국 제도권의 전문가들에게도 영향을 줍니다. 평생을 열심히 공부하고 자격을 얻은 전문가들이, 방구석에서 휴대폰으로 촬영한 유튜버들에게 밀리고 있습니다. 결국 전망의 정확도보다 전망을 전달하는 톤을 더 신경 쓰게 됩니다.

콘서트장에서 앞 사람이 일어서면 모두가 일어서야 하는 것과도 비슷합니다. 한 명이 자극적인 플레이로 앞서가면 나머지 모두가 따라갈 수밖에 없습니다. 그러다 보니 갈수록 자극적인 전망이 많아지고, 자연스럽게 전망의 진정성은 낮아집니다.

그렇다면 전문가들의 전망은 투자자들에게 아무런 도움이 안 될까요? 그렇지는 않죠. 모든 공급은 수요에 의해 발생합니다. 투자자들이 필요로 하기 때문에 전문가들이 나와서 전망을 내놓는 것입니다. 하지만 이런 전문가들을 어떻게 활용할 것인지는 투자자들의 숙제입니다.

전망을 내는 전문가들이 가지는 진짜 의의는 '투자자들의 공부를 대신 해 주는 것'입니다. 투자 판단을 위해 봐야 하는 정보는 너무 많습니다. 특히 본업이 있는 투자자라면 세상에 나온 모든 정보 중 극히 일부분만 소비할 수 있습니다. 시간이 없기 때문이죠.

전문가들이라고 하는 이코노미스트, 애널리스트, 유튜브나 블로그를 하는 고수 투자자 등에게 도움을 받을 수 있는 부분이 여기에 있습니다. 이런 분들은 정보를 찾고 정리하고 해석하는 게 직업인 분들입니다. 최종 의견은 맞을 수도 틀릴 수도 있지만, 의견을 내기 위한 전문가의 공부 수준은 매우 높습니다. 투자자들은 이것을 활용해야 합니다. 직접 해야 하는 공부를, 공부에 도가 튼 사람들에게 아웃소싱 하는 것이죠.

그래서 전문가들이 생산하는 정보들을 활용하는 요령이 있습니다. 어떻게? 최종 의견을 제외한 모든 것을 참고하는 것입니다. 전문가들이 참고한 각종 데이터, 현안 정리, 향후 벌어질 상황들에 대한 스케줄 정리, 이런 것들은 팩트입니다. 팩트를 조합해 전문가들이 도출하는 논리도 참고할 수 있습니다. 그들의 사고 체계를 배우는 것이죠.

얻을 내용이 너무 많습니다. 하지만 딱 하나 주의할 점은 전문가들의 최종 투자의견을 그대로 받아들이면 안 됩니다. 투자의견은 내가 다시 고민해야 합니다. 명심하세요. 판단은 오롯이 나만의 것이어야 합니다.

세상에 잃어도 되는 돈 같은 건
존재하지 않는다

　　　　　　　　　유튜브 구독자분께 잊을 수 없는 이메일을 한 통 받은 적이 있습니다. 작년에 남편분과 사별하게 된 50대 여성분이었습니다. 남편분이 운영하던 사업체를 정리하는 과정에서 온갖 힘든 일을 다 겪으며 힘든 1년을 보내왔는데, 그동안 꿈에 남편이 한 번도 나타나지 않아 많이 속상했다고 합니다.

　그러던 어느 일요일에, 아침 예배 유튜브 영상을 틀어 놓고 깜빡 잠이 들었는데 모처럼 꿈에 남편분이 나오셔서 아무런 말 없이 손을 꼭 잡아 주셨다고 합니다. 그러다가 잠에서 깼는데, 예배 영상이 끝나고 우연찮게 제가 나온 한 시간짜리 유튜브 영상을 보게 되었다고 합니다(신도들을 위한 아침 예배 영상과 스님처럼 머리를 깎은 주식쟁이의 영상이 어떤 알고리즘으로 연관되었는지 아직도 미스터리입니다).

　그렇게 우연히 제 구독자가 된 후, 그런 생각을 하셨다고 합니다.

'남편이 책을 읽고 공부하라는 말을 제 영상을 이용해 대신 해준 것이 아닐까…' 눈물 나도록 영광스러운 이야기지만, 제 주제에 이런 사연을 가진 분께 감히 어떤 도움을 드릴 수 있을지 고민을 많이 했습니다.

결국은 생각 끝에, 대학 졸업반이 된 아드님께서 사회생활을 시작한 후 투자에 입문하시게 되면 도움이 될 수 있도록 제 책 한 권을 보내드렸습니다. 한 단어 한 단어를 고민하며 책 날개에 짧은 편지도 적었습니다.

아직도 가끔 그렇게 메일을 주신 구독자분이 생각납니다. 아드님은 취업 준비가 잘 되어 가시는지, 요즘 기분은 어떠신지, 무엇보다도 요즘 같은 약세장에 주식 계좌는 무사한지… 저야 뭐 주식투자에 입문한 지 10년도 채 되지 않는 애송이 투자자일 뿐입니다. 하지만 수많은 독자분들을 만나고 이야기를 나누다 보면 알 수 없는 무거운 책임감을 느끼게 됩니다.

주식투자는, 언뜻 보면 연관성이 없어 보이지만 결국 가족과 사랑을 품고 있는 활동입니다. 모든 걸 모자람 없이 가진 사람은 주식투자 같은 건 하지 않습니다. 절실하고 간절한 분들이, 자신과 가족을 지키기 위해 최후의 보루로 선택하는 활동입니다.

사실 저 또한, 올 10월에 아빠가 됩니다. 딸입니다. 나이 마흔이 다 되어 드디어 자식을 낳게 되었습니다. 딸이 성장해 세상을 이해하는 나이가 되었을 때, 주식 투자자인 아버지에게 가질 수 있는 반응은 딱 두 가지입니다. 집구석에 돈도 없는데 주식이나 붙잡고 있는 주식쟁이 아빠로 보거나, 주식투자를 통해 유복하고 화목한 가정을 만든 든든한 아빠로 보거나. 여태까지도 주식투자를 대충 하거나 가볍게 여긴 적은 없지만, 앞으로의 투자 인생을 생각하면 더더욱 어깨가 무거워집니다. 아무튼 제가 말씀드리고 싶은 이야기는 이것입니다.

세상에, 잃어도 되는 돈 같은 건 없다.

주식투자는 승부가 존재하고 지략을 다투는 게임의 속성을 가지고 있습니다. 그러다 보니 게임 자체가 주는 스릴이 있고, 사람들에게 게이머의 기분을 강요하기도 합니다. 하지만 우리가 주식투자를 하기 위해 증권 계좌에 이체하는 돈은 게임 머니가 아닙니다. 곧 태어날 아기의 분유값이고, 첫 집을 마련하는데 쓸 주택 계약금이며, 열심히 공부하는 기특한 자녀의 미래 학자금이고, 우리 부모님의 병원비이자, 우리 스스로의 노후를 책임지는 은퇴 자금입니다.

영화 '더 이퀄라이저 2The Equalizer 2'에서 주인공 덴젤 워싱턴은 권총을 든 채 방황하는 십대 소년을 바로잡기 위해 진지한 표정으로 말합니다. "총을 쏘고 싶어? 그럼 쏴 봐. 5파운드의 힘만 주면 되잖아?" 권총의 방아쇠를 당기고 싶다면 5파운드, 겨우 2.27킬로그램의 힘이면 충분합니다. 하지만 '그 작은 힘으로 총을 쏘았을 때, 어떤 결과를 초래할지를 똑바로 생각하고 행동하라.'는 꾸짖음이었습니다.

MTS의 매수 버튼을 누르는 데는, 그만한 힘조차도 필요 없습니다. 터치 스크린이니까요. 그냥 손가락을 갖다 대기만 해도 됩니다.

실패를 극복하는 주식투자

그렇지만 경우에 따라서는 총알보다 더 무서운 결과를 초래할 수도 있습니다. 총알 하나는 사람 한 명만 위협하지만, 매수 버튼 하나 잘못 누르면 온 가족이 위험에 빠질 수도 있습니다.

그럼에도 불구하고, 오늘도 주식시장에 참여한 수많은 초보 투자자들은 매수 버튼 뒤에 감춰진 무게를 생각하지 않고 투자에 뛰어듭니다. 안타까운 일입니다. 제가 주식에 막 입문했을 때는 뭣도 모르고 까불었습니다. 주변 사람들에게 '지금 당장 주식투자를 시작하라.'고 가리지 않고 떠벌리며 다녔습니다.

하지만 주식투자를 '잘못'했을 때의 파급효과를 깨달은 뒤부터는 입을 조심하게 되었습니다. 함부로 '주식을 하라.'고 권하지 않게 되었습니다. 누군가는 젊음을 헛되이 쓸 수도 있습니다. 누군가는 인생을 망칠 수도 있습니다. 누군가는 가족 전체를 사지에 몰아넣기도 합니다. 그래서 요즘은 주식투자를 하는 분들께 항상 이 이야기부터 합니다.

절대로, 절대로 큰돈을 잃지 마세요.

어떻게 보면 투자는 참 쉽게 느껴지기도 합니다. 합리적으로, 올바르게 행동할 수만 있다면 나의 노력에 대비해서 가장 큰 결과를 주는 활동입니다. 하지만 반드시 합리적으로 행동해야 합니다. 합리성은 사실 상식과도 맞닿아 있습니다. 상식대로 행동하면 되는데, 투자를 하다 보면 상식을 따르는 게 그렇게 어려울 수 없습니다.

사실 이건 인간 본성의 숙제입니다. 사람들이 문제를 일으키는 이유는 '절대 합리적이지 않으면서, 스스로 합리적이라고 계속해서 자기합리화를 하는 것' 때문입니다. 그런 자기멸망적 본성이 너무나도 쉬운 투자를 너무나도 어렵게 만듭니다.

현실을 깨닫고 본성을 인정하는 것, 그것이 첫 단추입니다. 그 첫 단추를 겸손하게 채우고 나면 나머지는 너무 쉽게 느껴질 것입니다. 이만한 노력으로 이런 걸 얻어도 되나 싶은 꿈같은 성과도 찾아올 것입니다.

하지만 겸손한 첫 단추를 위해서는, 많은 질문이 필요합니다. 깊게 성찰하고, 꾸준히 공부하며, 스스로에게 맞는 질문을 던져야 할 것입니다. 여러분이 스스로에게 값진 질문을 하고, 더 값진 미래를 얻어 가시는 길에 제 책이 조금이나마 도움이 되었으면 좋겠습니다. 끝까지 읽어 주셔서 감사합니다.

2022년 가을, 여신욱 드림